Christoph Morgner (Hrsg.)

Ich glaube; hilf meinem Unglauben!

Das Lesebuch zur Jahreslosung 2020

BRUNNEN
Verlag GmbH · Giessen

Der Vers zur Jahreslosung wird abgedruckt mit freundlicher Genehmigung der Ökumenischen Arbeitsgemeinschaft für Bibellesen (ÖAB), Berlin

Bibelverse folgen der Lutherbibel, revidiert 2017,

Lektorat: Uwe Bertelmann
Umschlagfoto: Shutterstock
Umschlaggestaltung: Daniela Sprenger
Satz: DTP Brunnen
Druck: CPI – Ebner & Spiegel, Ulm
ISBN: 978-3-7655-4347-0
www.brunnen-verlag.de

Ich widme dieses Buch
Pfarrer Erhard Wolfram, Hannover,
zum 80. Geburtstag

Erhard Wolfram war langjähriger Gemeindepfarrer
in Hannover-Linden und Sulingen,
anschließend Propst in Königsberg / Kaliningrad

Inhalt

Vorwort

Dieses Buch löst Freude aus, denn es erscheint als Lesebuch zur Jahreslosung zum zehnten Mal. Ein Jubiläum! Zwar klein und bescheiden, was die Jahresringe betrifft, aber doch inhaltlich beachtlich. Denn was vor 10 Jahren als Versuch und deshalb auch entsprechend zögerlich gestartet war, hat sich im Laufe der Zeit erfreulich entwickelt: sowohl was die Verkaufszahlen angeht als auch – und das vor allem – die Akzeptanz der Leserinnen und Leser.

Mittlerweile hat das Buch weite Kreise gezogen und ist Ungezählten zum Segen geworden. Es wird nicht nur verkauft, sondern – Gott sei Lob und Preis! – auch reichlich gelesen. Die überschaubaren und lebensnahen Artikel machen die Lektüre leicht. Man braucht kein Fremdwörterbuch.

Aus zahlreichen Gemeinden ist es nicht mehr wegzudenken. Denn das Buch erweist sich als Fundgrube und wird deshalb gern als Vorbereitungsmaterial für Hauskreise und andere Veranstaltungen genutzt. Jedes Gespräch ist auf Impulse angewiesen. Manche entnehmen dem Buch anregende Gedanken und Beispiele für ihre Verkündigung. Das hat sein gutes Recht: Man muss nicht an jedem Ort und bei jeder Gelegenheit das Rad neu erfinden.

Außerdem: Die Qualität der Beiträge, vor allem ihre gute Lesbarkeit, macht das Buch zu einem beliebten Geschenk, nicht nur, aber gerade in der Weihnachtszeit.

Viele Personen und Gemeinden warten bereits auf die jeweils nächste Ausgabe. Das verwundert nicht, denn sie bietet lebensnahe Orientierung. Durch die unterschiedlichen Autoren und Artikel wird ein breites Spektrum an Einsichten und Erfahrungen vermittelt.

Ich danke allen, die sich mit ihren Artikeln in dieses Buch eingebracht haben. Im zehnten Jahr des Erscheinens hat Uwe Bertelmann im Lektorat die Nachfolge von Eva-Maria Busch angetreten. Ich danke ihm für die erfreuliche Zusammenarbeit. Mein Dank gilt auch meiner Frau Elfriede, die ebenso geduldig wie sorgfältig die Korrekturen gelesen hat.

Dr. Christoph Morgner, Garbsen
im Juni 2019

Reinhard Ambrosch

Ich fühlte mich wie Mose und Jeremia

Vor Kurzem sagte jemand im Gespräch zu mir: „Wenn ich doch nur glauben könnte! Gerne würde ich so wie Sie an Gott glauben können, das täte mir sicher gut. Aber ich kann es einfach nicht." Ich habe ihm im Laufe des Gesprächs dann von meinen eigenen Erfahrungen mit dem Glauben und auch von meinen Zweifeln erzählt: Dass es für mich im Rückblick ein großes Geschenk war, dass ich schon mit 14 Jahren während meiner Konfirmandenzeit zum Glauben an den Herrn Jesus Christus gefunden habe. Ich war damals auf der Suche nach dem Sinn im Leben und stellte mir existenzielle Fragen wie: „Wer bin ich? Wo komme ich her? Was macht mein Leben aus? Wo finde ich Halt und Orientierung?" Und ich fand sie in den Worten der Heiligen Schrift, so wie Petrus zu Jesus sagte: *„Herr, wohin sollen wir gehen? Du hast Worte des ewigen Lebens; und wir haben geglaubt und erkannt: Du bist der Heilige Gottes"* (Joh 6,68-69). Von genau diesen Worten des ewigen Lebens wollte ich nach meiner Konfirmation noch mehr hören und besuchte deshalb weiterhin gerne die Gottesdienste und hörte den Predigten aufmerksam zu. So reifte in mir der Entschluss, evangelische Theologie zu studieren. Ich hörte Gottes Ruf in meinem Leben. Doch daneben gesellte sich auch immer wieder der Zweifel: „Bin ich für das Theologiestudium wirklich geeignet? Ich kann doch nicht so gut reden und tue mich beim Schreiben schwer." Ich fühlte mich wie Mose, der Gott entgegnete: „Ich kann nicht reden." Ich fühlte mich wie Jeremia, der gegen seine Berufung zum Propheten einwendet: „Ich bin zu jung." Und immer wenn andere erzählten, dass sie Theologie studieren, weil sie so gut reden und schreiben können, dachte ich bei mir: „Okay, bei mir sind es nicht die besonderen Begabungen, sondern der Ruf Gottes, dem ich folgen will." Und so betete ich: „Herr, wenn Du willst, dass ich diesen Weg gehe, dann musst Du mir schon helfen und die nötigen Gaben dazu geben, ich kann es nicht allein!" Ich wünschte mir so sehnlich ein wenig von der biblischen Parrhesia, der Redefreiheit, dem Freimut, Jesus verkündigen zu können. Nun, zu Beginn meines Theologiestudiums bekam ich eine großartige Bestätigung, dass ich auf dem richtigen Wege war. Die Hebräischprüfung war sicherlich die erste große Hürde im Studium. Nach der Klausur dachte ich mir: Wenn es ein „Befriedigend" wird, dann bin ich sehr zufrieden. Ich bekam ein „Sehr Gut" und damit die nötige Rückendeckung für meinen Weg. Doch ungefähr in der Mitte des Studiums hatte ich noch einmal eine größere Glaubenskrise. Sicherheitshalber trug ich mich zu Beginn des neuen Semesters parallel auch noch in Biologie ein, falls es mit der Theologie nichts mehr werden sollte. Allerdings war der Hörsaal der ersten Biologievorlesung so brechend voll, dass ich kaum etwas mitbekam. In der Theologie war das doch viel angenehmer! Außerdem lernte ich in dieser Zeit im Studentenbibelkreis ein fesches Mädel kennen, meine spätere Frau Veronika. Sie begann neben ihrem Musikstudium auch, Theologie zu studieren. Das gab mir wieder großen

Ich fühlte mich wie Mose, der Gott entgegnete: „Ich kann nicht reden." Ich fühlte mich wie Jeremia, der gegen seine Berufung zum Propheten einwendet: „Ich bin zu jung."

Auftrieb und eine neue Bestätigung auf meinem Lebensweg. So, dass ich mich auch in der Krise wieder von Gott geleitet und getragen wusste: Auf seine Treue ist Verlass!

Mag. Reinhard Ambrosch ist Pfarrer in Hermagor, Österreich.

MONIKA DEITENBECK-GOSEBERG

„Wenn ihr's nicht glauben könnt, ich glaub's für euch alle mit!"

Nun kann ich nicht anders, als folgenden Artikel sehr persönlich zu gestalten. Wie oft hat dieser Satz schon bei mir selbst den Nagel auf den Kopf meiner Glaubensverfassung getroffen.

Es gibt Zeiten, da kann ich sozusagen „das Blaue vom Himmel herunter" glauben. Bei der Begleitung anderer Menschen und auch am eigenen Leib habe ich Dinge erlebt, da kann ich nur bis ans Ende meines Lebens mit offenem Mund staunen. Die haben mein Glaubensvertrauen gestärkt. Ich traue IHM alles zu. Aber ich kenne auch eine solche Verzagtheit, dass ich am Boden zerstört bin und das Gefühl habe, nichts tut sich. All mein Einsatz im Beten, Begleiten, Hoffen, Bangen – und nichts bewegt sich. Es gibt Zeiten, da ist die Herausforderung riesengroß, aber mein Vertrauen auch. Zeiten, in denen ich mich ganz gut „durchglauben“ kann durch alle Herausforderungen. Ich gehe durch diese Zeiten voller Mut und Tapferkeit und Festigkeit und Stehvermögen. Aber dann gibt es auch Zeiten, da sind die Herausforderungen bei Weitem nicht so riesig, aber ich bin umso verzagter und mein Vertrauen ist nur fingerhutgroß. Solche Zeiten sind manchmal viel schwerer als diejenigen mit den großen Herausforderungen.

Schön, wenn Luther über die wilden Zeiten mit den Herausforderungen für den Glauben sagen konnte: „Jetzt ist gut Wetter für den Glauben.“ Oder auch, wenn er humorvoll sagen konnte: „Aus einem verzagten Hinterteil kann kein fröhlicher Furz kommen“ (er hat es noch drastischer formuliert). Aber das sind nicht Sätze für Zeiten, wenn die Herausforderungen da sind, die an die Substanz und ans Eingemachte gehen. Etwa eine tödliche Krankheit in der eigenen Familie, eine Scheidung bei den Kindern, kranke Enkelkinder, der Tod eines geliebten Menschen, Konflikte im engsten Familienkreis, die Suchterkrankung eines Familienmitglieds, eine psychische Erkrankung des Ehepartners und Ähnliches. Das sind herausragend schwere Zeiten im Leben. Nicht einfach so die sportlichen „Gut-Wetter-für-den-Glauben“-Momente. Aber Luther weist uns auf etwas ganz Wichtiges hin: Die vielen Zeiten unseres Lebens, wo es nicht so hochdramatisch ist, in denen aber Menschen und Dinge verrücktspielen oder wo es Geld herbei zu glauben gilt oder wo Zukunftsfragen offenstehen. Wo Jesus uns zum Auf-dem-Wasser-Laufen ruft. Und wo es dann diese Situationen gibt: *„Ich glaube; hilf meinem Unglauben.“* Spannend ist das Wort, das im Griechischen für „glauben“ steht. Es bedeutet beides: glauben und vertrauen. Mein Vater sprach deshalb immer von „Glaubensvertrauen“ statt von Glauben. Das trifft es wohl. „Herr, ich vertraue dir ja. Hilf allem Mangel an Vertrauen auf die Beine. Nimm dich aller meiner Anteile an Vertrauenslosigkeit an.“

2001 gingen wir als Gemeinde das große Wagnis ein, an unsere Kirche anzubauen. Wir mussten innerhalb von einem Jahr 200.000 DM (es war das letzte DM-Jahr) Eigenkapital aufbringen. Das klingt für alle freikirchlichen Menschen vielleicht gar nicht so schlimm. Wir aber waren eine kleine Kirchengemeinde, lebten vom Haushalt und von Kirchensteuern. Es war aber in den Jahren zuvor etwas bei uns aufgebrochen. Seit Jahren ein neuer Gebetsgeist, Freude am Gebet und Treue. Der Leiter unseres Kreiskirchenamtes war sehr sehr traurig darüber, dass der leitende Bauausschuss unseres Kirchenkreises uns ein paar Jahre zuvor besucht und gesagt hatte, wir würden nicht nur nicht bauen dürfen, sondern sogar – im Gegenteil – noch ein anderes Gebäude abstoßen müssen, ersatzlos. Er stand also mit traurigem Blick daneben, und in einer kleinen Glaubensverwegenheit flüsterte ich ihm beim Abschied zu: „Seien Sie nicht traurig. Warten Sie ab, wir werden bauen.“ Ich wusste es. Mit innerster Gewissheit.

Jahre später, 2001, war es so weit. Ich stand vor einer großen Hürde: Ich kann schwungvolle Reden halten, wenn es um die Hilfe für Menschen geht. Aber für Steine sammeln, für einen Anbau …?? Aber unser HERR weiß immer mich zu ermutigen. Wir hatten in der Frauenhilfe den Leiter unserer freikirchlichen Nachbargemeinde zu Gast. Zu Beginn des Zusammenseins erzählte ich von all den Plänen, wie wir die ganze Gemeinde mit beteiligen würden, um die 200.000

DM zusammenzubekommen. Da rief er mir zu: „Ja, Moni, und was macht Ihr mit dem Überschuss?" Es war wie Gottes Stimme für mich. Schlagartig ging mir auf: Wir brauchen nichts weniger als ein Wunder. Wir brauchen unseren HERRN. Ich habe danach innerlich eine Absprache mit unserem HERRN getroffen und gesagt: „Herr, ich kümmere mich um die Menschen – du kümmerst dich ums Geld." Am kommenden Sonntag habe ich unserer Gemeinde gesagt: „Wir werden Ende des Jahres die 200.000 DM zusammenhaben. Und wenn ihr's nicht glauben könnt, ich glaub's für euch alle mit." Wir haben in dem Jahr so kuriose herrliche Dinge erlebt. Wir hatten am Ende des Jahres unsere 200.000 DM Eigenanteil zusammen (und dazwischen noch 5.000 DM gesammelt für die Flutkatastrophe, die 2002 den Osten unseres Landes heimgesucht hatte, und haben Einsätze dort gemacht).

„HERR, ich spreche dir mein Vertrauen aus. HERR, ich bin gespannt, wie du das hinkriegst."

So gern würde ich noch mehr erzählen von Glaubensabenteuern, von Ängsten und Stärkungen und von dem Weg, den ich persönlich mir zu eigen gemacht habe. In einer sehr aussichtslosen persönlichen Situation habe ich begonnen, täglich zu sagen: „HERR, ich spreche dir mein Vertrauen aus. Ich vertraue auf dich. Ich setze mein Vertrauen auf dich. Ich vertraue mich dir an. Ich vertraue dir." Und ich sage oft dazu: „HERR, ich bin gespannt, wie du das hinkriegst." Das ist ein Kraftgebet für mich. Sozusagen die andere Formulierung für: *„Ich glaube; hilf meinem Unglauben."*

Monika Deitenbeck-Goseberg ist Pfarrerin in Lüdenscheid.

Michael Diener

Die vielleicht mutigste, ehrlichste und wahrhaftigste Weise, seinen Glauben zu beschreiben

„*Ich glaube; hilf meinem Unglauben*" – das ist die vielleicht mutigste, ehrlichste und wahrhaftigste Weise wie ich „meinen Glauben" beschreiben kann. Es kennzeichnet die Spannung zwischen Erwartung und Erfahrung, aber auch zwischen Haltung und Haltlosigkeit.

Ich bete, spreche, sage, schreie, durchleide, bekenne, singe, flüstere, atme diese Worte,

- wenn ich wieder einmal ALLES von Gott erwarten wollte und mich dabei ertappe, alles selbst zu machen.
- wenn ich schon wieder in meine „Lieblingssündenfallen" getreten bin und mich frage, ob Gott mir immer noch gnädig ist.
- wenn im tiefen Eindringen in geistliche Fragen eben mal wieder nichts „wirklich aufgeht", nichts sich auf „eine Formel" bringen lässt und ich nur meine leeren Hände Gott entgegenhalten kann.
- wenn ich auf mein Bitten um eine Antwort nichts anderes empfange als die Geduld, Gottes Schweigen weiter zu ertragen.
- wenn ich mir für wirklich alles Zeit genommen habe, nur nicht für das Gebet.
- wenn ich mich selbst nicht leiden kann und mir unerklärlich ist, dass Gott mich liebt.
- wenn ich rechthaberisch und lieblos mit anderen umgehe,

auch in Gedanken, und mir nicht vorstellen kann, dass Gott mit mir „noch nicht fertig“ ist.

- wenn so viele um mich herum an ihren Krebserkrankungen elend sterben und ich erneut mitbeten will um Genesung und Heilung.
- wenn ich erschütternd geschildert bekomme, dass Glaube leider auch in die Enge, in die Abhängigkeit von Menschen, ja, in den geistlichen und sexuellen Missbrauch führen kann.
- wenn Verbrecher und Massenmörder anscheinend ungestraft davonkommen.
- wenn Mitchristen auf Facebook so gerne Bibelverse und fromme Texte posten und ich dazwischen dann pauschal fremden-islam-homosexuellen- oder politikerfeindliche Posts entdecken muss.
- wenn ich verzweifle an der Gespaltenheit der Christenheit, der Rechthaberei und Unversöhnlichkeit auf allen Seiten.
- wenn ich, angesichts des Zustandes der Christenheit in unserem Land, begonnen bei mir selbst, mich frage, ob der Herr sich das mit der Aussendung von fehlbaren Menschen auch wirklich gut überlegt hat.
- wenn wir nicht merken, wie sehr wir selbst das Wort Gottes mit Füßen treten, während wir andern vorwerfen, es mit Füßen zu treten.
- wenn ich miterlebe, wie viel Leid meine Geschwister im Glauben in so vielen Ländern dieser Welt ertragen müssen und wieder einmal zweifle, dass Gott das alles sieht.
- wenn ich erschrecke darüber, dass der Mensch immer mehr Gott spielt, in Gottes Schöpfungshandeln eingreift und die Erde sich dennoch weiterdreht.

- wenn ich sprachlos bin angesichts des Leids, das Kriege, Terror und Unterdrückung weltweit hervorrufen.
- wenn ich mich nicht damit abfinden will, wie viele Menschen „vergessen haben, dass sie Gott vergessen haben", ohne dass ihnen ersichtlich etwas fehlt.
- wenn ich an mir selbst merke, wie selten wir Christenmenschen wirklich „einen Unterschied machen".
- wenn mir die Perspektive auf „Gottes Reich und neue Welt" verloren zu gehen droht.
- wenn ich bedingungslos geliebt, angenommen und geschützt werde und mein Glück nicht fassen kann.

Beten. Sprechen. Sagen. Schreien. Durchleiden. Bekennen. Singen. Flüstern. Atmen.

Ich glaube. Hilf meinem Unglauben.

Dr. Michael Diener ist Präses des Evangelischen Gnadauer Gemeinschaftsverbandes, Kassel.

Hermann Gröhe

Gottvertrauen und Zweifel

„Ich glaube; hilf meinem Unglauben“, sicherlich einer der bekannteren Bibelverse, ist mir zugegebenermaßen besonders sympathisch. Diese enge Verbindung von Glaubensbekenntnis und Zweifel ist so ungemein menschlich und kommt mir gerade darin sehr nahe. Ausgesprochen – oder vielmehr ausgerufen – wird dieser Satz vom völlig verzweifelten Vater eines schwerkranken Kindes, dem niemand mehr zu helfen im Stande ist.

Dankbar räume ich ein, dass mir derartige Situationen tiefer Verzweiflung bisher erspart geblieben sind. Dennoch erahne ich als Vater von vier Kindern, wie groß die Verzweiflung des Vaters gewesen sein muss. Ich denke dabei auch an meine Besuche in Kinderhospizen und in den Palliativstationen von Kinderkliniken zurück, in denen Großartiges geleistet wird, um Kindern, aber auch ihren oft verzweifelten Angehörigen, bestmöglich beizustehen.

„Ich glaube; hilf meinem Unglauben.“ Durchaus vertraut ist mir aber auch diese Nähe von Glaubenshoffnung und Zweifel. Das Glaubensbekenntnis des verzweifelten Vaters kennt keine triumphalistische Glaubensgewissheit. Wie oft habe ich, nicht zuletzt in meinen Studentenzeiten, erlebt, dass kraftstrotzender Glaube, vielleicht auch nur vermeintlich kraftstrotzender Glaube, einige Jahre später der kompletten Abwendung vom Glauben gewichen ist. Wer Zweifel nicht zulässt, sie sich selbst nicht eingestehen kann, der droht schnell von ihnen überrollt zu werden, wenn Wünsche

und Hoffnungen keine Erfüllung erfahren, Nackenschläge und Enttäuschungen das eigene Leben erschüttern.

Doch auch in seinem Zweifel ist dieser Vater ein Glaubensvorbild. Denn er sagt ja gerade nicht: „Ich glaube; nein, ich kann nicht glauben!" So wie er seinen Glauben auf Gott, auf sein Gegenüber Jesus setzt, so wirft er auch seinen Unglauben auf ihn: *Hilf meinem Unglauben!* Selbst in der größten Not und Anfechtung wird so etwas wie eine „Notration" seines Glaubens aktiviert, die ihn seinen Unglauben mit dem Ruf nach Hilfe verbinden lässt.

Besonders intensiv habe ich diese Verbindung von Hoffnung und Zweifel beim Tod meiner Eltern erlebt – beim Tod der Menschen, deren Liebe ich so viel verdanke. Hoffnung, dass Gottes Liebe das letzte Wort über ihr Leben hat, sie bei ihm in einer mein Verstehen übersteigenden Weise aufgehoben sind. Gegen Zweifel, dass ein biochemischer Prozess, dass der Zerfall aller irdischen Existenz das letzte Wort hat. Größte Hoffnung und an die Existenz rührender Zweifel angesichts des letzten Feindes des Lebens.

So wie er seinen Glauben auf Gott, auf sein Gegenüber Jesus setzt, so wirft er auch seinen Unglauben auf ihn.

In solchen Situationen brauche ich mehr als das Selbstgespräch, mehr als die Erinnerung an eigene Erfahrungen, von Gottvertrauen getragen worden zu sein, die mir meine Zweifel als „bloßes Gefühl" zerreden wollen. Hier erfahre ich den besonderen Wert von Gemeinde! Bestärkt zu werden, gerade auch in Zeiten eigenen Haderns und Zweifelns, durch das Glaubenszeugnis anderer, aber auch durch den offenen Austausch über den Umgang mit eigenen Zweifeln. Verschwurbelte Unklarheit im

Hinblick auf das, worauf wir hoffen dürfen, hilft mir dann ebenso wenig weiter, wie eine den Zweifel eher verstärkende, weil hohl wirkende triumphalistische Glaubensgewissheitspose! Beides habe ich schon zur Genüge erlebt.

Viele eindringliche, aber leise Glaubenszeugnisse werde ich dagegen nie vergessen. Ich denke etwa an mehrere Begegnungen mit Shahbaz Bhatti, einem christlichen Politiker aus Pakistan, der als erster Christ Minister seines Landes für Minderheiten wurde. Shahbaz Bhatti schilderte oft als Gottes Hilfe erlebte Bewahrungen, wusste aber auch um das mit seinem Dienst verbundene hohe Risiko. 2011 wurde er wegen seines Einsatzes für mehr religiöse Toleranz von einer islamistischen Splittergruppe ermordet. Doch genauso wichtig, weil dem eigenen Leben näher, ist es, Menschen erleben zu können – auch im politischen Berlin –, deren Alltag auf unaufdringliche Weise durch ein belastbares, mitunter sicherlich auch in Belastungen geprüftes Gottvertrauen geprägt ist.

Ja, darum brauchen wir Gemeinde. Als Raum, in dem Zweifel zu äußern nicht den Vorwurf der Glaubensschwäche auslöst. Als Raum, in dem wir lernen, eigene Glaubenserfahrungen in guter Weise zu formulieren, die anderen zur Stärkung werden können, deren eigenes Angefochtensein wir möglicherweise gar nicht kennen.

Es sind jede Menge Anregungen für gute Vorsätze in 2020, die diese ungemein menschliche Jahreslosung enthält.

Hermann Gröhe, MdB, ist stellvertretender Vorsitzender der CDU/CSU-Bundestagsfraktion.

Clemens Hägele

Als „wahr" glauben oder wahrhaft glauben?

Glauben – das Wort geht uns leicht über die Lippen. Dabei verstehen Menschen sehr Verschiedenes darunter, manchmal auch recht Seltsames. Lewis Carroll, der Autor von „Alice im Wunderland", war Mathematiker und Pfarrer. In einem seiner Alice-Bücher macht er sich über ein bestimmtes Missverständnis lustig, das beim Thema Glauben oft auftaucht, das Missverständnis nämlich, dass Glauben bedeute, etwas möglichst Unwahrscheinliches mit aller Kraft und gegen alle Vernunft für wahr zu halten:

> *„Das kann ich nicht glauben! sagte Alice. Nein? sagte die Königin mitleidig. Versuch es noch einmal: tief Luft holen, Augen zu …; Alice lachte. Ich brauche es gar nicht zu versuchen, sagte sie. Etwas Unmögliches kann man nicht glauben. Du wirst darin eben noch nicht die rechte Übung haben, sagte die Königin. In deinem Alter habe ich täglich eine halbe Stunde darauf verwendet. Zuzeiten habe ich vor dem Frühstück bereits bis zu sechs unmögliche Dinge geglaubt."*

Natürlich, eine Karikatur. Aber gut geeignet, um zu zeigen, wie ganz anders der Glaube in der Jahreslosung 2020 ist. Da ist ein verzweifelter Vater, der Jesus glaubt, dass er seinen besessenen Sohn heilen kann. Ganz anders als der seltsame „Für-wahr-halte-Glauben" der Königin in der Alice-

Geschichte. Beim Vater geht es um Leben und Tod, bei der Königin um ein dummes Spiel. Der Glaube des Vaters steht im prallen Leben, der der Königin ist lediglich eine sinnlose, morgendliche Trainingseinheit.

Auch wir haben manchmal seltsame Vorstellungen von „Glauben". Im Alltagsdeutsch meint „glauben" oft, dass ich etwas nicht sicher weiß. Wenn Sie etwa denken: Ich glaube, dass heute Abend Skatabend ist, dann wollten Sie damit ausdrücken, dass Sie sich nicht ganz sicher sind. Wenn aber Fritz ihnen mitteilt, dass der Skatabend heute stattfindet, dann denken Sie: Dem Fritz, dem glaube ich. Dasselbe Wort – Glauben – meint jetzt Ihr völliges Vertrauen, dass die Aussage zuverlässig ist (und mit ihr der, der sie gemacht hat). Sie glauben der Nachricht bzw. dem, der sie überbringt. Das ist dem, was Christen (und die Jahreslosung) unter Glauben verstehen, schon recht nahe, es ist aber noch nicht ganz dasselbe. Der Grund ist leicht einzusehen:

Sie können zwar fest glauben und für zweifellos wahr halten, dass der Satz „Heute Abend ist Skatabend!" richtig ist. Sie können aber immer noch ganz Unterschiedliches mit diesem Satz anfangen. Sie können z. B. gerade jetzt bewusst wegbleiben, weil Sie etwa ihre Skatbrüder ärgern wollen. Oder Sie könnten sagen: Heute ist Skatabend, das schlägt für mich alles: Fußballübertragung, Hochzeitstag, was auch immer. Kurz: Der Glaube, dass ein Satz wahr ist, sagt noch längst nicht, was er für jemanden bedeutet. Er ist für sich alleine genommen noch nicht einmal besonders interessant. Interessant ist erst, wie sich dieses Für-wahr-Halten darauf auswirkt, was dieser jemand dann tut. Aus diesem Grund haben die Reformatoren zwischen einem reinen „Historienglauben“ (Glauben, dass etwas so passiert ist) und dem wahren Glauben (Glauben, dass das dann auch etwas für mein Leben bedeutet) streng unterschieden.

> *„Es geschieht auch Unterricht, daß man hier nicht von solchem Glauben redet, den auch die Teufel und Gottlosen haben, die auch die Historien glauben, daß Christus gelitten habe und auferstanden sei von Toten, sondern man redet von wahrem Glauben, der da glaubet, daß wir durch Christus Gnade und Vergebung der Sünden erlangen, und der nun weiß, daß er einen gnädigen Gott durch Christus hat, kennet also Gott, rufet ihn an und ist nicht ohne Gott wie die Heiden. (Confessio Augustana, XX)*

Adolf Schlatter hat es 1917 in einer Vorlesung vor Frontsoldaten (in Hörweite der Kanonen) so zusammengefasst:

> *„Das Gemeinsame in allen Vorgängen, die wir als Glauben benennen, entsteht aus dem Verhältnis, in das unsre Vorstellungen zum inwendigen Bestand unsres Lebens treten. Das, was wir wissen, kann für unsren Lebensakt Bedeutung gewinnen, unser Verhalten regeln, unsren Willen leiten und zum Bestandteil unsres Ichs werden, der ihm für immer angehört. Oder wir können eine uns gegebene Vorstellung von uns fernhalten, von unsrem persönlichen Lebensakt trennen und sie dadurch für unser Wollen und Handeln unwirksam machen. Im jenem Fall glauben wir dem, was sich uns zeigte; in diesem Fall glauben wir ihm nicht.“ (Gründe der christlichen Gewissheit)*

Kurz: Etwas, das gewusst wird, das als wahr „geglaubt“ wird, wird entweder lebensbestimmend, also auch *wahrhaft* geglaubt, oder es bleibt für mein Leben unwesentlich, also ungeglaubt. Wird es aber wahrhaft geglaubt, dann kommt die altdeutsche Herkunft des Wortes zum Tragen: „begehren, lieb haben; für lieb erklären, gut heißen, loben“.

Etwas, das gewusst wird, das als wahr „geglaubt“ wird, wird entweder lebensbestimmend, also auch wahrhaft geglaubt, oder es bleibt für mein Leben unwesentlich, also ungeglaubt.

Zurück zum Vater, der in der Jahreslosung spricht. Der Glaube an Jesus betrifft ihn zutiefst, so sehr, dass er die Bitte, seinen Unglauben anzugehen, gleich mitausspricht. Das ist wahrer Glaube. Lassen Sie diesen Satz zu einem Gebet werden für 2020: „*Ich glaube; hilf meinem Unglauben!*“

Dr. Clemens Hägele ist Rektor des Albrecht-Bengel-Hauses in Tübingen.

Uwe Heimowski

„Euch geht es wohl immer gut?" – Von Glaube und Zweifeln

„Na, euch geht es wohl immer gut?", begrüßte mich neulich ein Bekannter, den ich seit Monaten nicht gesehen hatte, und nun zufällig auf der Straße traf.

„Wie kommst du denn darauf?" Ich war etwas überrascht von seiner Bemerkung. Denn wenn er mich einfach gefragt hätte: „Wie geht's dir?", hätte meine ehrliche Antwort gelautet: „Nicht so toll im Moment."

Ich hatte in dieser Zeit viele Abendtermine, musste morgens mit den Kindern raus und war ziemlich übermüdet. Beruflich hatte ich mehr zu tun, als ich schaffen konnte. Mein Rücken schmerzte durch viele lange Autofahrten.

Wie also kam er darauf, dass alles so prächtig läuft im Hause Heimowski? Die Erklärung kam prompt: „Ich sehe immer mal deine Einträge und Fotos bei Facebook. Wunderbare Kinder, strahlende Familie. Glückwunsch!" Und schon musste er weiter.

Mir ging das noch eine Weile durch den Kopf. Fragen tauchten auf: Was für ein Bild gebe ich nach außen ab? Ist da vielleicht mehr Schein als Sein? Stelle ich etwas dar, was ich in Wirklichkeit gar nicht bin?

Die Gefahr ist auf jeden Fall groß. Als Pastor stand ich jahrelang vorne auf der Kanzel, die Menschen schauten – buchstäblich – zu mir auf. Heute bin ich Politikbeauftragter der Deutschen Evangelischen Allianz und werde zu vielen Veranstaltungen eingeladen. Da bin ich dann der „Promi" (wenn auch in der überschaubaren christlichen Welt). Wie oft werden dann auf der Bühne die Kämpfe und Niederlagen zu Nebensätzen und gehen irgendwie unter. Wie schnell entsteht der Eindruck der „christlichen Vorzeigefamilie“, gewollt oder ungewollt.

Ich habe tatsächlich eine tolle Familie, und vieles in meinem Leben ist gelungen. Doch wie viel davon ist in durchwachten Nächten und unter Schmerzen errungen? Wie oft habe ich von der Kanzel vor allem mir selber gepredigt, im Wissen, dass ich die Gnade und Vergebung Gottes nötiger habe als die Gemeinde, vor der ich stehe? Wie oft habe ich als Vater versagt, als Ehemann, als Seelsorger? Wie vieles habe ich versäumt? Wie oft haben Zweifel genagt? Und wie oft werden sie es noch tun, jetzt, wo ich Mitte 50 bin und erlebe, dass die Kräfte merklich nachlassen und ich gegensteuern muss, um nicht in ungesunde Muster zu verfallen?

Glaube, das ist meine Erfahrung, ist ein Geschenk, den hat man nicht einfach ein für alle Mal. Glaube ist ein Geschenk und will doch immer wieder neu errungen werden. Wie oft habe ich dieses biblische Gebet gesprochen: „Ich glaube, Herr, hilf meinem Unglauben.“ Immerhin: Nach über dreißig Jahren, die ich mit Jesus unterwegs bin, kann ich sagen: Waren die Zeiten auch noch so schwer, Gott hat mein Gebet jedes Mal erhört. Mein Glaube hat eine Quelle, und die liegt – zum Glück! – nicht in mir selber. Nicht in meiner Kraft, nicht in meiner Ge-

Zweifel und Abgründe sind nur bedingt für die Öffentlichkeit geeignet. Selten sind sie Facebook-kompatibel. Die Gefühle in diesen Tiefen sind intim, unfertig, grazil, zerbrechlich.

wissheit, nicht in meinen Erfolgen. Die Quelle des Glaubens liegt bei Gott.

Zweifel und Abgründe sind nur bedingt für die Öffentlichkeit geeignet. Selten sind sie Facebook-kompatibel. Nicht, weil ich sie nicht zugeben würde. Nicht, weil ich etwas vorspielen will. Aber die Gefühle in diesen Tiefen sind intim, unfertig, grazil, zerbrechlich.

In diesen tiefen Momenten greife ich nicht zur Tastatur oder zum Smartphone. Dafür oft zu Stift und Papier. Das hilft mir, meine Gedanken zu sortieren. Und so ist auch dieses Lied entstanden:

Quelle

Wenn die äußere Hülle zu blättern beginnt,
die Zweige sich biegen und brechen im Wind.
Wenn im trockenen Flimmern der Blick mir verschwimmt,
wenn der Staub noch in die kleinsten Poren dringt.

Bleibt doch eine Quelle in mir,
fließt beständig, mein Gott, dein Wasser zu mir.
Tief gegründet, noch die kleinste Wurzel findet das Leben in dir.
Du bist da, ganz nah. Hier bei mir.
Dafür danke ich dir.

Wenn inmitten der Nacht die Gedanken nicht ruhn,
sich drehen und denken und planen zu tun,
Wenn der Alltag zu groß wird, der Sonntag zu klein,
das Gefühl mich befällt ganz alleine zu sein.

Bleibt doch eine Quelle in mir …

Wenn man Spuren der Jahre in Gesichtern erkennt,
wenn der Fuß Schritte setzt, schreitet, nicht rennt.
Wenn meine Seele sich in dem Fragen verliert,
ob das alles war, und was nun weiter passiert.

Bleibt doch eine Quelle in mir …

Zum Schluss noch einmal zurück zur kurzen Begegnung mit meinem Bekannten. Wie hatte er sich ausgedrückt? „Ich sehe immer mal deine Einträge und Fotos bei Facebook. Wunderbare Kinder, strahlende Familie. Glückwunsch!“

Nach dem ersten Stutzen und der selbstkritischen Frage nach dem Bild, das ich nach außen abgebe, stieg noch ein Gefühl in mir auf. Da war kein zynischer Unterton in der Stimme meines Bekannten, keine Anklage. Er meinte es völlig ernst mit seinem Glückwunsch. Eine tiefe Dankbarkeit durchströmte mich.

Denn diese glückliche Familie, die gibt es ja wirklich. Und manchmal brauchen wir den Impuls von außen, den Blick in den Spiegel, der uns daran erinnert. Reinhard Mey hat das in wunderbaren Zeilen beschrieben:

Und ich sitz' da vor Kopf, noch immer stumm, schon sonderbar,
Da kommt ein Wildfremder an deinen Tisch und macht dir klar:
Du hast alles, was du wolltest! Was um alles in der Welt,
Wieviel unwichtiges Zeug dir oft den Blick darauf verstellt!

Manchmal brauchst du einen Fremden, der dir einen Spiegel vorhält:
*„What a lucky man you are!"**

Wenn ich die Summe meines bisherigen Lebens nehme, ist es eindeutig: Ich bin zufrieden, glücklich – und überreich beschenkt. Mein Leben ist aufregend, es ist spannend, lebenswert, herausfordernd, turbulent – und erfüllend. Daran gibt es keinen Zweifel. Und das ist ein großes Geschenk.

Uwe Heimowski ist Beauftragter der Deutschen Evangelischen Allianz beim Deutschen Bundestag und der Bundesregierung.

---

* What a lucky man you are. Musik & Text: Reinhard Mey, © by Edition Reinhard Mey.

Frank Heinrich

Jetzt wird's ehrlich!

„Was für eine Schande!" Nach einem glaubensstärkenden Gottesdienst mit dem Thema „alles ist möglich, dem, der da glaubt" kam einer der übermotivierten Besucher wieder einmal auf meinen Freund zu, um ihn durch die Blume auf seine Krankheit anzusprechen: „Wenn du genug glauben würdest, müsstest du nicht so leiden", war das, was er ihm mit vielen frommen Worten durch die Blume mitteilte. Meiner Mutter ging es immer wieder ähnlich. Seit frühester Kindheit hatte sie durch Ärtzepfusch eine Fehlstellung ihrer Hüfte. Zwar hielt sie sich mit diesen Vorhaltungen nicht lange auf, aber ich spürte, dass sie die Erfahrung mit solchen Mitmenschen mehr verärgerte als die Behinderung selbst. Und auch ich habe mich über solche Mitmenschen innerlich aufgeregt.

Gut, dass sich meine Eltern über das hinweggesetzt haben, was ich als Kind in meinem Umfeld spürte: „Gute Christen kennen keine Zweifel." Außer in meinem Elternhaus sprach folglich kaum jemand darüber, wenn er Zweifel hatte. Eher verstieg man sich auf wilde Spekulationen, woher ein „Fluch" kommen könne. Für mich ist so ein Gottesbild dummes Zeug. Der bekannte deutsche Arzt, Autor und Kabarettist Dr. Eckart von Hirschhausen hat es auf den Punkt gebracht: „Heil zu sein, heißt nicht, frei von Krankheiten zu sein." Krank zu sein im Sinne unserer individuell begrenzten Leistungsfähigkeit, durch eine Erkältung oder aber auch durch eine ernsthafte Einschränkung, ist für mich daher eher unser „Normalzustand".

Vor diesem Hintergrund führe ich mir vor Augen, in welchem Zusammenhang die Jahreslosung steht. Ein Vater wollte sein Kind zu Jesus bringen, damit er es von seinen regelmäßigen, furchtbaren Anfällen heilte, die es durchleiden musste. Selbstverständlich solidarisiere ich mich innerlich mit dem Vater, der für sein Kind eine spürbare Verbesserung des „Normalzustands" erreichen wollte. Statt auf Jesus selbst trifft er auf seine Mitarbeiter. Diese versuchen, zu helfen – kommen aber nicht weiter. Als Jesus doch noch auftaucht, wird's spannend: Der Vater provoziert, indem er infrage stellt, ob Jesus mehr kann als seine Mitarbeiter. Gleichzeitig appelliert er an Jesus, seinem Sohn aus Mitleid zu helfen. Jesus stellt dem entgegen: „Ist doch kein Problem, denn alles ist möglich, wenn du daran glaubst." Und dann höre ich es förmlich aus dem Vater herausplatzen: *„Ich glaube; hilf meinem Unglauben!"*

Mich fasziniert der vermeintliche Widerspruch in dieser Aussage. Wahrscheinlich ist es sogar die schiere Verzweiflung, die zu diesem Widerspruch führt. Jesus hatte dem Vater den Ball zurückgespielt, indem er ihn aufforderte, selbst zu glauben. Aber genau das würde er ja tun, wenn er es denn könnte. Für mich ist eine wesentliche Lektion dieser Geschichte, dass der Vater ehrlich wird: Ausdrücklich nennt er den Unglauben „seinen" Unglauben. Auf uns übertragen finde ich es ergreifend, dass es Jesus offensichtlich ganz und gar nicht stört, wenn wir unseren inneren Puls fühlen. Ohne Wenn und Aber können wir vor ihm und hoffentlich auch vor unseren Mitmenschen offenlegen, dass unser Glaube nicht weit reicht. Auch wenn dem Vater bewusst war, dass mit „seinem" Glauben nicht viel Staat zu machen ist, investiert er das Wenige, was er hat, indem er verzweifelt schreit: „Wenn ich könnte, würde ich ja gerne – hilf mir bitte."

Die Hauptbotschaft der Jahreslosung ist für mich: Jetzt wird's ehrlich! Sie lädt uns ein, zu unseren Stärken und Schwächen zu stehen. Das beginnt in unserem Inneren: Ich fühle meinen Puls, wie weit mein Glaube, mein Vertrauen, meine Zuversicht, meine Liebe, meine Barmherzigkeit, vielleicht auch meine guten Vorsätze reichen. Ich stehe mir und anderen gegenüber zu dem, was ich dort entdecke, und es ist unwesentlich, ob es viel oder wenig ist. So verstanden finde ich die Jahreslosung unendlich entspannend. Wenn es nur zu einem Hilfeschrei reicht, bitte, dann ist das so, ehrlich sein kann auch heißen, lauthals zu schreien. Und glauben heißt, darauf zu vertrauen, dass am Ende ausreichen wird, was ich habe – eingebracht von ganzem Herzen. In diesem Sinne glaube ich; hilf meinem Unglauben!

Auch wenn dem Vater bewusst war, dass mit „seinem" Glauben nicht viel Staat zu machen ist, investiert er das Wenige, was er hat.

Frank Heinrich, MdB, ist Sozialpädagoge und Theologe.

Reinhard Holmer

Wenn Fragen nagen

Als Seelsorger in einer Klinik, die sich auch um psychisch erkrankte Menschen kümmert, habe ich es immer wieder mit dem Zwiespalt von Glaube und Unglaube zu tun. Es kommen Menschen zu uns, die eigentlich ganz deutlich sagen: „Ich glaube!" Sie berichten von realen Erfahrungen, die sie früher mit Gott gemacht haben, und oft auch ganz eindrücklichen Erfahrungen im Glauben. Das wollen sie auch jetzt nicht infrage stellen. Aber zugleich sind so viele Zweifel da, Fragen und Unsicherheiten, dass sie den Satz „Ich glaube" im Moment nicht ohne Weiteres sagen können. Sie fühlen nichts von ihrem Glauben, Gott scheint so unendlich weit weg. Das nagt, das fühlt sich nicht gut an, und oft wird nach und nach alles infrage gestellt, was früher einmal war. „Ich glaube? Eigentlich weiß ich das gar nicht mehr so genau, denn wenn es so wäre, müsste es mir doch anders gehen. Dann müsste ich doch fröhlich sein, dann dürfte ich doch keine Zweifel haben."

Dabei kommen gerade bei gläubigen Menschen zwei Dinge zusammen, die sich zwar gegenseitig bedingen, aber doch getrennt betrachtet werden müssen. Da ist auf der einen Seite der Glaube, der ja unser ganzes Menschsein bestimmt und immer auch mit unseren Gefühlen und dem Ergehen zu tun hat. Auf der anderen Seite gibt es Krankheit, Fehlentwicklungen, auch schlimme Erfahrungen, die wir in unserem Leben gemacht haben. Und das führt dazu, dass wir uns nicht mehr wohl fühlen, dass das Leben schwer wird. Und dann kommt es schnell dazu, dass wir auch an unserem Glauben zweifeln und oft dann eben auch an Gott selbst. Und dann nagen die Fragen: Ist Gott überhaupt noch da, wenn ich nichts von ihm fühle? Und bin ich nicht selbst schuld an meinem Ergehen, weil ich ja so wenig glaube? Tausend Fragen, auf die es scheinbar keine Antworten gibt. Gut, wenn man dann auf Therapeuten trifft, die um die Wirklichkeit des Glaubens wissen und gleichzeitig helfen, dass durch gute Therapie Genesung eintreten kann.

Ich bin so froh, dass Markus uns die Geschichte von dem verzweifelten Vater des so geschundenen Sohnes überliefert hat. Das ist ja zunächst keine Erfolgsgeschichte. „Wie lange leidet der Sohn schon?“, fragt Jesus. „Von Kind an!“ Und während sie reden, erleidet der Sohn vor aller Welt wieder eine Attacke dieses bösen Geistes, der ihn quält. Sicher hatte der Mann schon viel versucht, damit dem Sohn geholfen wird. Wie oft mag er lange Nächte gebetet und zu Gott gefleht haben. Alles umsonst! Was nützt da der Glaube? Die Antwort des Vaters ist ja so verständlich: „Wenn du etwas kannst, dann erbarme dich und hilf uns.“ Was kommt da nicht alles zum Ausdruck: Angst, Sorge, Verzweiflung, vielleicht auch Enttäuschung, dass nun in der Gegenwart von Jesus nicht sofort alles besser ist. Das ganze Elend dieser Familie wird deutlich. „Wenn du etwas kannst …“ Sieht so Glaube aus? Ja, er hat klare Vorstellungen, was Glauben bringen soll: Dem Sohn soll es besser gehen, der Glaube müsste sich auswirken.

Und dann kommt von Jesus die Aussage: „Alle Dinge sind möglich dem, der da glaubt.“ Was hilft das einem, der gerade um seinen Glauben kämpft? Deshalb ruft der Vater verzweifelt: „*Ich glaube; hilf meinem Unglauben*!" Er ist ganz ehrlich in seiner Ambivalenz, seinem Zwiespalt, seinem Glauben und Zweifeln. Seinen unterschiedlichen Gefühlen. Und darin kann er uns eine echte Hilfe sein. Aber was ist es nun mit dem Glauben? Hängt nicht doch alles von mir selbst ab?

Vor vielen Jahren habe ich einmal auf einer Reise ein besonderes Erlebnis gehabt, das mir zu einem Bild für den Glauben geworden ist. Wir waren in Russland unterwegs und mussten bei einem Inlandflug über das Rollfeld laufen und über eine Treppe in das bereitstehende Flugzeug steigen. Beim Vorbeigehen sah ich die Reifen der Räder. Da gab es kein Profil mehr. An einigen Stellen schaute schon das Leinen durch. Als ich meinen Sitz einnahm, war die Verkleidung der Flugzeugwand defekt und die Luft, die eigentlich aus den Lüftungsschlitzen strömen sollte, kam an ganz anderer Stelle raus. Alles in allem wirklich nicht vertrauenserweckend. Neben mir nahm ein Russe Platz, der offensichtlich oft auf dieser Strecke unterwegs war. Er sah meine besorgten Blicke und ermunterte mich, keine Sorge zu haben. Das sei nicht außergewöhnlich, aber die russischen Piloten würden sich auskennen und wissen, was sie tun. Er aß voller Vertrauen sein Hühnchen. Mir schmeckte es nicht ganz so gut, denn mein Glaube war offensichtlich nicht ganz so groß wie der seine. Auf diesem Flug habe ich darüber nachgedacht, worauf es denn eigentlich ankommt. Offensichtlich waren wir beide in der gleichen Lage. Wir hatten uns diesem Flugzeug anvertraut – er in einem großen und festen Glauben, ich mit meinem Kleinglauben. Der Glaube war nötig, um einzusteigen und mitzufliegen. Aber nun waren wir beide ganz und gar darauf angewiesen, dass dies Flugzeug trägt. Natürlich fühlt man sich mit einem starken Glauben besser, aber am Ende kam es gar nicht auf die Größe des Glaubens an. Entscheidend war, dass der Grund des Glaubens trägt.

Natürlich fühlt man sich mit einem starken Glauben besser, aber am Ende kam es gar nicht auf die Größe des Glaubens an. Entscheidend war, dass der Grund des Glaubens trägt.

Darauf kommt es auch bei uns an, dass der, an den wir uns im Glauben wenden, helfen kann. Er sagt es uns zu, dass der Glaube Berge versetzen kann, aber nicht, weil wir so stark glauben, sondern weil er uns trägt. Dann kann es auch nicht mehr heißen: „Hättest du mal mehr geglaubt, wäre dir dies oder das möglich gewesen." Damit wären wir ja wieder bei uns. Alles kommt auf den Grund des Glaubens an, aber weil wir Menschen sind, kann es eben auch bei uns beides geben: „Ich glaube; hilf meinem Unglauben", schreit der Vater. Aber das reicht, weil dieser Ruf zu dem kommt, der wirklich tragen kann.

Reinhard Holmer ist Direktor des Diakonissen-Mutterhauses und theologischer Geschäftsführer des Diakonie-Krankenhauses in Elbingerode.

Steffen Kern

Keine letzten Worte

Er stand am Bett seiner Frau. So viele Jahre hatte er neben ihr gelegen, aber jetzt stand er da. Sie lag und ging doch unaufhaltsam von ihm weg. Er stand und verlor nach und nach den Boden unter seinen Füßen. Dass es einmal so weit kommen könnte, wussten sie immer. Aber jetzt, als es so weit war, wussten sie nicht, was zu tun, was zu sagen, was zu glauben wäre. Alles geschah einfach. Unaufhaltsam.

Plötzlich tanzten sie beide. Es war der beschwingte Walzer bei ihrer Hochzeit. Lachen. Musik. Freude. Lust. Leben. Die Strandspaziergänge im Urlaub. Weihnachten mit ihren Kindern. Spielen unterm Christbaum. Wunderbare Erinnerungen. Wie herrlich waren diese tausend Szenen, die sie gemeinsam erlebt hatten. Jetzt liefen sie wie ein Film vor seinen Augen ab, so als wäre alles nur ein Traum gewesen. Er stand da und wusste nicht, in welchem Leben er stand.

Es war an der Zeit, etwas zu sagen. Letzte Zeit. Für letzte Worte. Aber was? Beten? Aber wie? – Früher waren die Worte gesprudelt. Was haben sie geredet miteinander, so vertraut und selbstverständlich. Und was haben sie geistliche Fragen bewegt, in der Bibel gelesen, gemeinsam gebetet. Es gehörte zum Sprachschatz ihrer Ehe. Aber jetzt schien dieser Schatz tiefer vergraben denn je. Wenn's drauf ankommt, lässt sich der Schatz nicht mehr heben. Er wollte beten, aber er konnte es nicht. Er, der Ehemann, der Pastor, der schon zigmal Sterbende begleitet und Hunderte von Besuchen bewältigt und der tausend Vaterunser gesprochen hatte – ausgerechnet am Sterbebett seiner eigenen Frau fehlten ihm die Worte.

Er versuchte es mit einem Vaterunser – und brachte es nicht zusammen. Wie ein Konfirmand stammelte er, wie einer, der den Text nicht richtig gelernt hatte. Wie ein Trottel stand er da. Er wollte über sich selbst lachen, sich verhöhnen und mit sich selbst seinen Gott, der ihm jetzt keine Worte mehr gab. Aber aus ihm heraus kam nur ein Schluchzen. Er stand da und weinte. Bitter. Sein Leib wurde geschüttelt. Seine Seele zitterte. Und das Piepen und Hupen der Apparate auf der Intensivstation, ihr Gurgeln und Schnaufen verhöhnten ihn.

Was bleibt, wenn wir gehen?

Wenig später starb sie. Er stand nicht mehr. Er saß auf einem Stuhl daneben. Er vergaß die Zeit, verlor sie und alles.

Es gibt Momente, da kennen wir nichts mehr: kein Vaterunser, kein Bibelwort, kein Lied, kein Gebet, kein Amen. Von unserem Glaubenswissen ist nichts mehr da. Alles weg. Wie verflogen. Ich denke an manches Sterbebett, an dem ich stand oder saß. Es gibt so viele verschiedene Wege, wie Menschen Abschied nehmen von dieser Welt. Was bleibt, wenn wir gehen? Immer wieder erleben wir, dass tief gläubige Menschen, die oft Jahrzehnte lang gesungen, gepredigt und mit anderen gebetet haben, die Worte verlieren. Schmerz, Demenz, Medikamente könnten all das rauben, was dem Glauben über Jahrzehnte hin Ausdruck verliehen hat.

„Ich glaube; hilf meinem Unglauben!"

Ich denke an jenen Mann, der am Sterbebett seiner Frau stand und kein Gebet mehr zusammenbrachte. Ich denke an die schwerstkranke Frau mit den zig Operationen, die nur noch seufzen konnte. Ich denke an den Vater, der seine Frau und seinen kranken Sohn nicht loslassen und nicht gehen wollte, aber doch gehen musste. Ich denke an die Hundertjährige, die nur noch schweigen und kaum mehr atmen konnte. Und ich frage: Wie wird mein Sterben sein?

Werde ich beten und singen? Werde ich gewiss sein und ruhig? Werde ich bereit sein zu gehen? Werde ich glauben? Ich weiß nur: Unglaube, Zweifel und Anfechtung – das sind die drei Geschwister des Glaubens. Wenn ich daran denke, kann ich nur beten: „Jesus, ich halte mich daran, dass du mich hältst."

Steffen Kern ist Pfarrer und Journalist und Vorsitzender des Evangelischen Gemeinschaftsverbandes Württemberg e. V. (Apis)

Ursula Koch

Am Strand von Tel Aviv – in den Achtzigerjahren des vorigen Jahrhunderts

Es schien ein Tag wie jeder andere zu sein. Die Sonne strahlte auf ein blaues Meer. Wohl merkte ich, dass nur wenige Menschen im Wasser waren, aber ich erkannte keinen Grund dafür, warf begeistert den Bademantel ab und rannte in die Brandung hinein. Am Strand flatterte eine Fahne am Mast, ich beachtete sie nicht weiter. Da wir gerade erst seit einem Tag in der Stadt waren, hätte ich ihre Bedeutung auch erst erfragen müssen.

Ich schwamm hinaus, wo als Wellenbrecher mächtige Steinwälle dem Strand vorgelagert waren. Über die Felsbrocken schäumten Wellenkämme, das Meer war aufgewühlt, aber zwischen Strand und Steinwällen schien es ruhig. Und ich war froh nach der Reise durch Wüste, Hitze und Trockenheit im kühlenden Wasser zu sein. Ich wollte schwimmen, meine Arme fühlen und meine Beine, die brennende Sonne im Gesicht und im Haar und den salzigen Geschmack auf den Lippen. Die ganze Zeit hatte ich mich danach gesehnt.

So kam ich mit einiger Mühe zu den Klippen hinaus und kletterte nach oben. Ich sah eine Welle kommen, die sich schäumend gegen die Steine warf. Da war eine Kraft, die mich fast in die Tiefe gerissen hätte. An einem Felsbrocken brach sie auseinander und gurgelte tief unter mir nach. Ich suchte einen sicheren Platz, bevor neuer Schaum mir um die Ohren flog. Nun begriff ich endlich, warum niemand hier draußen war. Auch wenn die Sonne vom Himmel brannte: In den Wassern grollten finstere Mächte.

Ich kletterte an den Klippen hinunter und wollte an den sicheren Strand zurückkehren, aber ich kam nicht los. Eine ungeheure Kraft drückte mich gegen die Steine. Ich versuchte es wieder und wieder an verschiedenen Stellen. Auch in den Wellenschatten der Klippen drangen die aufgebrachten Wogen durch eine Lücke herein und erzeugten einen Sog, dem ich nicht gewachsen war.

Ich war gefangen. Schmerzhaft fühlte ich die spitzen Kanten an meinen Beinen. Klammerte ich mich mit den Händen fest, wurde ich nur noch rücksichtsloser herumgeschleudert, ein Spielball von Fels und Flut. Sehr fern lag der Strand.

Schließlich gab ich auf, kletterte ein Stück hoch auf einen trockenen Platz und sah hinaus auf die so trügerisch ruhig zwischen mir und dem Ufer liegende Wasserfläche. Die Sonne schien darauf, spiegelte sich in kleinen Wellen. Ich konnte die Gestalten erkennen, die sich am Strand tummelten, sie waren aber zu weit entfernt, als dass ich jemanden hätte unterscheiden können. Es ging mir auf, warum an Land eine Fahne wehte, über deren Sinn ich nicht nachgedacht hatte.

Vorläufig war ich auf meinem Platz sicher; ich konnte mich festhalten, aber ich wusste jetzt: Ein unterirdischer Sog würde mich erfassen, sobald ich versuchte, die Steine loszulassen und ins Wasser zu gehen. Mein Leichtsinn hatte mich in große Gefahr gebracht. Niemand war da, der mir helfen konnte. Kein Mensch, kein Boot weit und breit. Winken und Schreien würden sich verlieren in der Weite. Und die anderen warteten doch auf mich!

Ja, natürlich, Gott könnte mir helfen. Aber ich wagte nicht zu beten. Hatte ich mich nicht selbst in diese aussichtslose Situation gebracht? Warum sollte Gott mir helfen? Ich hätte doch nur sicher am Strand bleiben müssen – und wäre nicht in Gefahr. Aber wer sonst könnte helfen? Wer sonst?

Und doch schrie es in mir: „Vater, hilf!" Und das war das Einzige, was mir blieb, hier und jetzt – auf den Klippen im Meer, der Sonne und der Wut des Wassers ausgesetzt, verlassen und verloren, wenn ich nicht irgendeine Möglichkeit finden würde, den Sog zu überwinden.

Gegen die unsichtbare Strömung kam ich nicht an, das war klar. Ich erkannte, dass es nur einen Weg gab: Ich musste die Felsbrocken, an die ich mich angstvoll klammerte, loslassen. Ich musste so weit weg von der Klippe, dass der Sog mich nicht mehr erfassen konnte. Ich musste springen, weit springen … mit Gottes Hilfe loslassen und springen. Ich zögerte. Ich zweifelte. Aber dann:

Ich musste springen, weit springen ... mit Gottes Hilfe loslassen und springen.

Als das Meer zwischen zwei Brechern Atem zu holen schien, nahm ich alle Kraft zusammen, ließ die Felsen los, und sprang mit geschlossenen Augen, so weit ich konnte.

Die Wellen hoben mich auf, trugen mich und brachten mich zurück an den Strand.

Ursula Koch ist Schriftstellerin und Pädagogin und lebt in Berlin.

Gerhard Krömer

Krankensalbung

Es ist jetzt schon einige Jahre her. Eine Frau bat um ein Gespräch. Ich erfuhr, dass sie einen Skiunfall gehabt hatte. Nun, das ist in unserer wunderschönen Berglandschaft Schladming/Dachstein im Winter nichts Besonderes. Das kommt immer wieder vor. Es sind so viele Schifahrer, Snowboarder und Langläufer im Winter unterwegs, dass Unfälle unausweichlich sind. Das evangelische Krankenhaus „Klinikum Diakonissen" in Schladming hat in der Wintersaison Hochbetrieb. Im Februar und März sind extra Teams für die medizinische Versorgung angestellt.

Diese Frau wurde im Krankenhaus behandelt und alles schien wieder gut zu werden. Aber dann merkte sie, dass irgendetwas nicht stimmte. Sie ging zur Nachuntersuchung und bekam den Befund: Der Knochen wächst nicht zusammen. Manchmal passiert das. Bei einem Beinbruch werden die Knochen operativ wieder in die richtige Lage gebracht und fixiert und sollten dann wieder zusammenwachsen. Aber obwohl alles fachmännisch durchgeführt worden war, wuchs der Knochen nicht zusammen. Nach fast einem Jahr war diese Frau am Ende ihrer Kräfte. Und weil sie weder aus noch ein wusste, wandte sie sich an mich, den Pfarrer. Ich hatte sie begleitet, als ihre Eltern verstorben waren und als ihr Mann schwer krank war. Sie war eine Frau des Gebets und hatte die Kraft des Gebets schon in mancher schweren Situation erfahren, die sie hatte durchleben müssen.

Ich schlug ihr ein Gebet nach Jakobus 5,13ff vor. Dort

steht, dass ein Kranker die Ältesten (die leitenden Verantwortlichen) der Kirchengemeinde rufen soll. Sie sollen für ihn beten und ihn mit Öl salben, und das Gebet würde den Kranken aufrichten, und es würde ihm dadurch geholfen werden. Und wenn er Sünden begangen hat, dann soll er sie bekennen, und sie sollen ihm im Namen von Jesus vergeben werden. Die Krankensalbung ist in der römisch-katholischen Kirche als Sakrament der „Letzten Ölung" durchaus begehrt, allerdings eher zum Sterben als um gesund zu werden. Das Gebet und die Salbung eines Menschen in der evangelischen Kirche wird von der Erwartung getragen, dass tatsächlich dem Kranken geholfen wird. Ich habe einen Mitarbeiter gebeten mitzukommen, damit wir gemeinsam mit dieser Frau reden und für sie beten. Es wurde ein intensives und offenes Gespräch. Sie bekannte auch ihre Sünden, die ihr auf der Seele lagen und sie niederdrückten. Und danach haben wir für sie gebetet und sie mit Öl gesalbt. Die Frau war sichtlich bewegt und sehr dankbar für das Gebet und die Salbung mit Öl. Sie hatte in der Woche darauf eine Untersuchung im Krankenhaus. Ihr Arzt hatte ihr schon vor längerer Zeit erklärt, wenn der Knochen nicht zusammenwachse, dann müsse der Fuß noch einmal gebrochen werden, um dann hoffentlich zusammenzuwachsen. Die Untersuchung konnte keine Besserung feststellen und so wurde der Behandlungstermin für das Brechen des Knochens festgelegt. Nach vier Wochen war es so weit. Sie kam ins Krankenhaus und der Chirurg war bereit. Eine letzte Untersuchung war noch notwendig. Der behandelnde Arzt war dann einigermaßen erstaunt. Sie blickte ihn fragend an und er konnte ihr mitteilen, dass der Knochen nun doch zusammenwuchs. Eine Operation wäre nicht notwendig und in wenigen Wochen würde alles verheilt sein.

Und tatsächlich: Nach wenigen Wochen war die Frau gesund. Sie konnte es kaum fassen. Das Bibelwort aus Jakobus 5 hatte sich in ihrem Leben buchstäblich erfüllt. Sie hatte gebetet: *„Herr, ich glaube; hilf meinem Unglauben."* Aber mit einer Heilung hatte sie nicht mehr gerechnet. Doch als die Last der Sünde in der Beichte von ihr genommen wurde, wurde damit ihre Seele gesund. Und als Zugabe hat Gott ihren Körper auch geheilt. Mein Mitarbeiter und ich waren genauso überrascht und dankbar. Auf Gott und das Wort der Heiligen Schrift ist Verlass. Jesus Christus ist wirklich der Arzt für Leib und Seele. Zu ihm dürfen wir mit allen Dingen kommen, die uns belasten.

Als Zugabe hat Gott ihren Körper auch geheilt. Auf Gott und das Wort der Heiligen Schrift ist Verlass.

Mag. Gerhard Krömer ist Pfarrer in Schladming/Österreich.

Christine Lieberknecht

Gemeindebau durch Kirchenbau

In den 1980er-Jahren übernahm ich meine erste Pfarrstelle im nördlichen Weimarer Land. Von einem Tag auf den anderen war mein Kalender gefüllt mit Gottesdiensten, Christenlehre, Konfirmandenunterricht, Junger Gemeinde, Bibelstunden, Besuchen bei kranken und älteren Gemeindegliedern, Verpflichtungen in regionalen und überregionalen kirchlichen Gruppen. Als ein weiteres Thema kam, für mich völlig unvorbereitet, der Kirchenbau hinzu. Genauer gesagt: Kirchenbau unter den Bedingungen der DDR. Das hieß: Offiziell gab es weder die Chance auf das notwendige Baumaterial noch auf eine Baufirma noch auf Geld, nicht einmal auf einen Plan. Kurz gefasst: Offiziell gab es nichts von dem, was man als Mindestvoraussetzung selbst für kleinere Bauprojekte normalerweise benötigen würde. Aber die Zeiten waren nicht normal.

Dennoch begab ich mich zuversichtlich auf die Suche nach tatkräftigen Helfern. Schließlich gab es neben der einstmals prachtvoll ausgeschmückten Kirche von Ottmannshausen noch zwei weitere dringende Sanierungsfälle in dem mir übertragenen Kirchspiel. In meinem Filialdorf Hottelstedt wurde ich schon am verschlossenen eisernen Tor des Kirchhofs begrüßt mit dem Schild „Betreten verboten. Eltern haften für ihre Kinder". Im anderen Filialdorf Stedten am Ettersberg war es nicht besser. Hier prangte das Hinweisschild auf verbotenen Zutritt unmittelbar an der nur notdürftig in den Angeln gehaltenen windschiefen Kirchentür. Wundern durfte ich mich darüber freilich nicht. Sollte doch die Hottelstedter Kirche auf dem Höhepunkt der Zwangskollektivierung der DDR-Landwirtschaft in den 1960er-Jahren allen Ernstes zu einem Kuhstall umfunktioniert werden. Jedenfalls erzählten sich die Dorfbewohner hinter vorgehaltener Hand diese Geschichte. Das Stedtener Gotteshaus sollte durch Abriss gleich ganz aus dem Dorfbild verschwinden, nachdem man bereits in den 1950er-Jahren das dortige Gutshaus komplett dem Erdboden gleich gemacht hatte. Dass am Ende beide Kirchen noch standen, wenn auch nur als Ruinen, war entweder einem Wunder Gottes zu verdanken oder einfach nur der Diskrepanz zwischen vollmundiger Ankündigung eines örtlichen Parteifunktionärs und dessen fehlender Vollzugsvollmacht geschuldet. Für mich war die Lage klar: Fortan folgte ich der Losung: „Gemeindebau durch Kirchenbau."

Mutig ging ich von Haus zu Haus und warb wortreich um Mithilfe bei den vielen praktischen Aufgaben, die ich inzwischen ausgemacht hatte. Doch schon auf die einfachsten Nachfragen meiner bodenständigen und durch das Leben in der DDR-Mangelwirtschaft geprägten Gesprächspartner fehlten mir die Antworten. Immer wieder bekam ich zu hören: „Frau Pfarrer, wie stellen Sie sich das vor? Nicht ein Brett Holz, nicht einen ordentlichen (feuerverzinkten) Nagel, geschweige denn Kupferbleche für die Dachkehlen oder gar Schieferplatten werden Sie im Handel bekommen. Und Geld haben wir auch keines." Oder: „Frau Pfarrer, mit ein bisschen ‚Kirche malern' nach Feierabend ist das nicht getan. Hier müssen ordentliche Gewerke ran. Haben Sie denn wegen der kaputten Emporen schon mit einem Statiker gesprochen?“ Hmmm…, hatte ich nicht. Der ein oder andere warf mir sogar „Luftschlösser“ oder „Wolkenkuckucksheime“ vor, die ich da bauen wolle, und spottete: „Vielleicht hilft Ihnen ja der liebe Gott?“ Ermutigung sieht anders aus. In Wahrheit war ich niedergeschlagen. Zweieinhalb Ruinen in dem mir zugewiesenen Kirchspiel, nichts ging mehr. Und dann diese permanenten Nackenschläge.

Es war bitter. Jeder Versuch, den ich unternahm, um meine kühnen Pläne in die Tat umzusetzen, ließ ein Stück meiner Träume zerplatzen wie Seifenblasen. Dabei redete ich mir immer wieder gut zu: „Christine, sei tapfer. Gib nicht auf. Rom wurde auch nicht an einem Tag erbaut.“

Tatsächlich geschah dann etwas ganz Großartiges. Zum Jahresbeginn 1984 predigte ich zur kleinen Schar der Gottesdienstbesucher über die neue Jahreslosung aus 2. Timotheus 1,7: „Gott hat uns nicht einen Geist der Verzagtheit gegeben, sondern den Geist der Kraft, der Liebe und der Besonnenheit.“

Irgendwie muss der Funke meines eigenen Ergriffenseins durch diese kraftvolle Zusage des Wirkens Gottes in uns Christenmenschen übergesprungen sein auf die anwesenden Kirchenältesten der Gemeinde. Beim kurzen gemeinsamen Verweilen nach dem Gottesdienst nahm deren Vorsitzender das Wort: „Unsere Frau Pfarrer hat recht. Lasst uns im neuen Jahr mit der Sanierung unserer Kirche beginnen. In vier Jahren feiert das Dorf 675 Jahre seiner Ersterwähnung. Da sollten wir als Kirche dabei sein und unsere Kirche in neuem Glanz erstrahlen lassen.“ Mit einem freundlichen

„Mit Gottes Hilfe, und wenn jeder im Dorf seinen Teil beiträgt, dann kriegen wir das hin. Versprochen.“

Lächeln und etwas Augenzwinkern fügte er hinzu: „Mit Gottes Hilfe, und wenn jeder im Dorf seinen Teil beiträgt, dann kriegen wir das hin. Versprochen." Ich war gerührt und konnte die Tränen in meinen Augen kaum verbergen.

Die Ottmannshäuser haben es hinbekommen. Mit einer ganzen Festwoche lud die Kirchengemeinde vier Jahre später Einwohner und Gäste zu Gottesdiensten, Andachten, Lesungen, Konzerten und Vorträgen in die neu restaurierte Kirche ein. Das war im Jahr 1988.

Die Kirche ist noch immer ein Kleinod und Zeugnis eines lebensfrohen, reichlich ausgeschmückten Bauernbarocks aus den Jahren 1724/25. Nur wenig später folgten die Hottelstedter dem Ottmannshäuser Beispiel mit der Restaurierung ihres Gotteshauses. Und schließlich haben im Lauf der Jahre auch meine allerersten Baupläne für eine „Jugendkirche" in meinem Stedtener Filialdorf mit dem späteren Um- und Ausbau des dortigen Kirchleins zur Pilgerherberge eine wunderbare Erfüllung gefunden.

Die ermutigende Begleitung durch die damalige Jahreslosung am Beginn meiner Gemeindearbeit aber hat mich tief geprägt. Sie hilft mir bis heute, den Kopf oben zu behalten, zu beten und im Vertrauen auf Gott in schwierigen Situationen nicht aufzugeben, sondern immer wieder einen neuen Anlauf zu wagen.

Christine Lieberknecht ist Mitglied des Thüringer Landtags und war bis 2014 Ministerpräsidentin des Freistaats Thüringen.

Cornelia Mack

Sehnsucht nach Befreiung

Unglaube, Zweifel, Verunsicherung – ja, das kennen wir. Ich denke da an Susanne, die abgetrieben hatte. Zunächst hatten ihr die Berater und die Familienangehörigen gesagt: „Alles halb so schlimm. Nur ein Zellklumpen. Lass dir deine Zukunft nicht verbauen. Lass es wegmachen." Aber dann war es doch schlimm. Das Gefühlswirrwarr hinterher war krass. Verzweiflung und Trauer, Schuldgefühle und Wut, das Leben war irgendwie aus den Fugen geraten. Und so schnell spurte es sich auch nicht mehr aufs Normalmaß ein. Oft hatte sie das Gefühl, in einem dunklen Loch zu sitzen.

Und dann der Glaube – was hatte ihr der noch zu sagen? Konnte sie mit so einem Thema überhaupt noch was anfangen? Und wenn doch, dann müsste sie vielleicht zugeben, dass der Abbruch doch nicht so ganz richtig war. Sie fühlte sich schuldig. Sie hasste ihren Körper. Sie hasste den Vater des getöteten Kindes. Sie hasste die Berater, die sie belogen hatten.

Und tief in ihr wuchs die Sehnsucht nach Befreiung, Erlösung, Vergebung. Was hatte ihr Leben nach all dem noch für einen Sinn? Sie fühlte sich so schrecklich.

Eines Tages hatte sie den Mut, wieder in der Bibel zu lesen, und sie stieß auf die Geschichte im 9. Kapitel des Markusevangeliums. Sie blieb hängen bei dem Satz des Vaters: *„Ich glaube; hilf meinem Unglauben."*

Dem ging es ja auch nicht wirklich gut, dachte sie bei sich. Schon jahrelang leidet sein Kind unter mysteriösen Symptomen. Und er selbst leidet auch. Ja, die ganze Familie leidet.

Die Eltern wissen nicht, was mit ihrem Kind los ist. Was für ein Schatten auf der Familie!

Alles blieb beim Alten. Jahrelang. Und sogar die Jünger von diesem berühmten Jesus konnten nichts für ihn tun. Immer das Gleiche. Hoffnungslos.

Bis Jesus in die Szene eintritt. Der Vater sagt in seiner Verzweiflung zu Jesus: „Aber wenn du kannst, dann erbarme dich unser und hilf uns". Da schwingt bei ihm viel Hoffnungslosigkeit mit. Wenn er könnte, wäre ja toll. Aber kann er wirklich? Man kann den Vater verstehen. Wie oft hat er sich möglicherweise schon Hilfe gesucht, aber nichts hat geholfen. Wo soll da noch Rettung herkommen? So ist es verständlich, dass er zu Jesus sagt: „Wenn du kannst" – alle anderen konnten bisher ja nicht, sogar seine Leute nicht. Die wissen genauso wenig wie alle anderen bisher.

Doch Jesus sagt zu ihm: „Alles ist möglich dem, der glaubt".

Steckt da ein Vorwurf hinter der Aussage von Jesus? –„Du glaubst nicht richtig!" Um was geht es eigentlich in der Geschichte? Geht es um Glaubensheldentum? Um Wirklichkeitsferne? Sind nur ein paar Auserwählte zugelassen, um Wunder zu erleben?

Nein, so würden wir Jesus falsch verstehen. Es geht nicht um das Produzieren von Glauben, nicht um Selbstvergewaltigung. Sondern um ganze Hingabe, alles auf eine Karte setzen, alles von Jesus erwarten.

Der Vater versteht und er beginnt zu schreien. Wer schreit, ist verzweifelt. Wer schreit, ist auch unsicher. Das weiß die Kommunikationspsychologie. Wer schreit, muss die eigene Schwäche mit Schreien übertönen. Schreien heißt immer auch: Ich weiß nicht mehr weiter.

Susanne überlegte: Nach Schreien war ihr die ganze Zeit zumute. Alles wollte sie rausschreien. Ihre Scham, ihre Wut, ihre Angst, ihre Verzweiflung, ihren Selbsthass. Und mit Glaube war schon lange nichts mehr. Unglaube war viel mehr da als Glaube.

Aber genauso hat es ja auch der Vater formuliert: „Hilf meinem Unglauben." Das bedeutet doch: „Ich weiß nicht mehr weiter. Es bleibt immer alles beim Alten. Die Angst und Sorge, die Not, aber auch die Peinlichkeiten und Hilflosigkeiten. Ich sitze in einem dunklen Loch. Warum ändert sich denn nichts?"

„Ich weiß nicht mehr weiter. Bei mir ist Unglaube. Meine Kräfte sind am Ende. Herr, erbarme dich. Bei mir ist auch Schuld, befreie mich. Hilf meinem Unglauben."

Was würde wohl passieren, wenn sie genauso schreien würde wie der Vater? Wenn sie es Jesus sagen würde: „Ich weiß nicht mehr weiter. Bei mir ist Unglaube. Ich habe keine Ahnung, wie das Leben noch funktionieren soll. Ich bin am Ende. Auf mich kann ich nicht bauen. Meine Kräfte sind am Ende. Herr, erbarme dich. Bei mir ist auch Schuld, befreie mich. Hilf meinem Unglauben."

So breitete Susanne im Gespräch mit einer Seelsorgerin ihre ganze Geschichte aus. Sie schrie ihre Wut, ihre Verzweiflung, ihre Scham heraus und wagte dann zu formulieren: „Ich bin schuldig geworden und fühle mich würdelos. Herr, vergib mir."

Und Susanne erfuhr den Zuspruch von Vergebung: „Dir ist deine Schuld vergeben."

Und was passierte dann?

In der Geschichte geschieht Heilung. Und bei Susanne? Jesus trat neu und anders in ihr Leben ein. Sie ließ Jesus an ihre Wunden und an ihre Schuld. So wurde sie in einer neuen und tieferen Schicht als bisher von ihm berührt.

Susanne hat den Zuspruch von Vergebung erfahren. Sie hatte dann auch den Mut, das Unrecht zu benennen, das auch ihr angetan wurde.

Und sie gab ihrem ungeborenen Kind einen Namen und schrieb ihm einen langen Brief. Sie legte das Kind im Gebet Jesus auf den Schoß und wusste es dort an einem sicheren Platz.

So kehrte langsam wieder Ruhe in ihr Herz ein. Und sie wusste: Wo vorher Dunkelheit und Verzweiflung war, ist er jetzt mittendrin.

Wenn ich ihn neu mit hinein nehme in meinen Alltag, bin ich nicht mehr in der Dunkelheit und der Schuld verloren. Wenn ich am Ende bin, ist Jesus mit mir noch nicht am Ende. Wenn ich nicht mehr weiter weiß, sieht er schon den Horizont. Wo ich am Ende meiner Kraft bin, da füllt er mich mit seiner Gegenwart. Wo es in mir dunkel ist, da kann mich das Licht seiner Auferstehung erreichen.

So meint es auch der Vater: Wenn von mir nichts zu holen und zu erwarten ist, so bist du jetzt meine letzte Hoffnung. Ich klammere mich ganz an dich. „Ich glaube; hilf meinem Unglauben."

Es kommt also überhaupt nicht auf meine Stärke an, sondern auf die von Jesus. Ich darf mit Unglauben kommen und mich Jesus hinhalten, damit er eintritt in mein Leben. Dann bleibt nichts wie bisher.

Cornelia Mack arbeitet als Sozialpädagogin in der Beratungsarbeit und therapeutischen Seelsorge.

Christoph Morgner

„Glauben müsste man können ...“

Es liegt lange zurück. Ich war junger Vikar in Hildesheim, ging also erste Schritte in der Gemeindearbeit. Als in den 1970er-Jahren die Glaubenskurse von Prof. Helmut Thielicke in Umlauf kamen, fanden sie in unserer Gemeinde regen Zuspruch. An einem Abend saß ich als Zuhörer dabei.

Dabei fiel mir auf, wie sich ein älteres Gemeindeglied zu Wort meldete: „Es wird bei uns so viel vom Glauben geredet. Er wird immer stillschweigend vorausgesetzt. Aber ich frage mich: Wie finde ich eigentlich zum Glauben? Wie komme ich dazu? Und wie kann ich meinen Glauben praktisch im Alltag leben?“

Ich weiß heute nicht mehr, wie sich damals das Gespräch fortgesetzt hat. Aber das ist mir hängen geblieben: Wir setzen in der Kirche gerne und stillschweigend den Glauben voraus. Jeder, der sich zum Gottesdienst oder im Gemeindehaus einfindet, wird als mehr oder weniger gläubig betrachtet. Doch dem ist offensichtlich nicht so. Glauben ist alles andere als selbstverständlich. Kein Wunder, dass er danach fragte.

Wir setzen in der Kirche gerne und stillschweigend den Glauben voraus.

Die Sehnsucht nach Glauben ist größer, als wir ahnen. Manche seufzen: „Glauben müsste man können!“ Das erinnert mich an einen alten Schlagertitel: „Man müsste Klavierspielen können!“ Man müsste – aber dem Ersten fehlt es am Talent, dem Zweiten am Fleiß und dem Dritten am Klavier. Es bleibt beim Wunsch.

Viele betrachten Glauben als eine Art Fertigkeit, so wie Turnen oder Töpfern: Der eine beherrscht es, der andere nicht. Andere dagegen meinen: Glauben ist wie ein Erbstück. Man kriegt es von zu Hause mit – so wie die braunen Augen und die krausen Haare. Wer den Glauben von den Eltern geerbt hat, darf sich beglückwünschen. Andere dagegen tun sich mit dem Glauben schwer und müssen sehen, wie sie ohne häusliche Vorgaben den Weg zum Glauben finden.

Doch Glauben ist weder eine Fertigkeit, die man sich antrainiert, noch ein Erbe, das man seinen Eltern verdankt. Mit dem Glauben geht es anders zu. Wohl dem, der ehrlich danach fragt. Ihm kann geholfen werden.

Bei Licht besehen: Keiner „kann" glauben. Glauben wächst nicht in unserem Garten. Er quillt nicht aus unserem Inneren heraus, sondern wird dadurch ausgelöst, dass etwas „Glaub-würdiges" auf uns zukommt. Es tritt uns etwas in den Weg, das uns hellhörig macht und das uns am Ende Vertrauen abgewinnt.

Das kann auf unterschiedliche Weise geschehen.

Glauben ist Entdeckungssache

Jesus schildert einen Knecht, der morgens aufbricht, um das Feld zu bestellen. Furche für Furche pflügt er um. Plötzlich stößt sein Pflug auf etwas Hartes. Das ärgert ihn. Das hält seine Arbeit auf. Aber so viel Mühe er sich auch gibt – der Pflug steckt fest. Es geht nicht weiter.

Der Knecht versucht, das Hindernis zu beseitigen. Dann traut er seinen Augen nicht: Eine Kiste kommt zum Vorschein. Er gräbt sie aus und entdeckt darin einen kostbaren Schatz. Der ist ein Vermögen wert. Was nun tun? Ja niemandem von dem Schatz erzählen! Schnell den Acker kaufen. Sehr trickreich und verschlagen, jenseits allen Rechts. Aber nun gehört der Acker ihm.

Jesus meint mit diesem Bild: So kann's uns mit dem Glauben ergehen. Mitten in der Routine des Alltags, mitten im üblichen Treiben kann sich das ereignen: Wir stoßen völlig überraschend auf Gott – durch eine Zeile aus der Bibel oder einen Freund, der uns etwas von seinem Glauben erzählt. Mancher blättert abends im Hotel noch ein bisschen in der ausliegenden Gideon-Bibel. Und plötzlich wird er von einem bestimmten Satz gepackt. Der lässt ihn nicht mehr los. Die Weiche wird gestellt, die ihn hin zum Glauben führt.

Wir sind nirgends und nie davor sicher, dass Gott unerwartet in unser Leben eindringt. Wenn wir derart ergriffen worden sind, ist damit noch kein Glaube entstanden, aber es sind deutliche Gleise in diese Richtung gelegt worden. Glauben wird möglich.

Daneben gibt es noch einen anderen Weg, mit dem Glauben in Berührung zu kommen:

Glauben ist Begegnungssache

Im Neuen Testament wird von einem Vater berichtet, dessen Sohn unheilbar krank ist (Markus 9,14-29). Epilepsie, würden wir heute wohl sagen. Damals ohne jede Aussicht auf erfolgreiche medizinische Behandlung. Wer weiß, wie viel der Mann bereits für Ärzte und Apotheker ausgegeben hat! Alles vergeblich. Nun sind seine Möglichkeiten ausgeschöpft.

In dieser Lage hört er von Jesus. Er sucht ihn auf und schildert ihm die katastrophale Lage. „Erbarme dich unser und hilf uns!" Er hofft auf Jesus. Genau damit beginnt Glauben. So wusste es auch Martin Luther: „Der Glaube blickt unverwandt auf Christus; er ist auf nichts anderes gerichtet als auf Christus allein, der die Sünde und den Tod überwunden und Gerechtigkeit, Heil und ewiges Leben gebracht hat".

Ob sich die Botschaft von Jesus plötzlich in unser Leben geschoben hat oder ob es eher langsame Entwicklungen waren – damit beginnt Neues bei uns: Wir blicken zu Jesus und rechnen mit dem, was er kann. Wir spitzen die Ohren und erwarten etwas von ihm. Wir binden unser Leben an Jesus fest, so wie ein Waggon an die Lokomotive angekoppelt wird. Nun gehören wir mit Jesus zusammen. Er gehört zu uns und wir gehören zu ihm. Er ist unser Herr und wir sind Gottes Kinder. Jesus ist für uns da. Nun wollen wir für ihn leben. Wir hören auf ihn, indem wir in der Bibel lesen und uns zur Gemeinde halten. Und wir reden mit ihm in unseren Gebeten. Wir sind Christen im vollen und reichen Sinn des Wortes geworden. Wir glauben.

Wir nehmen Jesus ernst. So wie der Vater mit seinem kranken Kind. Wie ehrlich er es mit seinem Glauben meint, wird an dem Ausruf erkennbar: *„Ich glaube; hilf meinem Unglauben."* Eine radikale Aussage. Da ist zum einen wirkliches Vertrauen zu Jesus. Der Mann traut Jesus alles Gute zu. Aber daneben das schreiende Elend seines kranken Sohnes. Dadurch wird der Glaube des Mannes stark erschüttert und infrage gestellt.

Der Vater leidet unter seinem Unglauben. Er präsentiert

ihn nicht wie eine Standarte, die er stolz vor sich herträgt. Er kokettiert nicht damit, sondern es schmerzt ihn. Sein ehrliches Vertrauen auf Jesus wird durch die Krankheit des Sohnes radikal durchgeschüttelt.

Leider benutzt heute mancher seinen Zweifel wie eine Art Stoßstange, mit der man sich bequem den Glauben an Jesus Christus vom Leib halten kann. Solange man zweifelt, braucht man Jesus nicht an sich herankommen zu lassen. Solange muss man keine Schritte des Glaubens gehen. Und das mit scheinbar gutem Gewissen.

Doch Jesus möchte, dass wir ihm ganz und gar vertrauen. Er hält, was uns sein Wort verspricht. Er ist glaub-würdig und verdient unser Vertrauen. Unsere Zweifel, unser Unglaube wird jedes Mal überwunden durch seine unerschütterliche Liebe.

Dr. Christoph Morgner, Garbsen, war bis 2009 Präses des Evangelischen Gnadauer Gemeinschaftsverbandes.

Axel Noack

Gottlob, dass ich Paulus geworden bin ...

Mal abgesehen von dem dramatischen Zusammenhang, in dem wir bei Markus im 9. Kapitel unsere Jahreslosung finden – ein über seinen fallsüchtigen Sohn verzweifelter Vater wird von Jesus aufgefordert, zu glauben, und spricht die Bitte aus: „*Ich glaube; hilf meinem Unglauben*" – gehört die Frage nach dem Glauben ganz unmittelbar zu den Kernthemen aller evangelischen Theologie. Sie findet ihren Niederschlag in den sogenannten vier reformatorischen „Soli":

> *solus christus – allein Christus*
> *sola scriptura – allein die Schrift*
> *sola gratia – allein aus Gnade*
> *sola fide – allein der Glaube.*

Diese Alleinstellungsmerkmale finden sich dann auch in den meisten evangelischen Kirchenordnungen wieder. Z. B. heißt es von meiner mitteldeutschen Kirche:

> *„Sie bekennt mit den Reformatoren, dass Jesus Christus allein unser Heil ist,*
> *geschenkt allein aus Gnade, empfangen allein im Glauben, maßgebend bezeugt allein in der Heiligen Schrift Alten und Neuen Testaments."*

Die reformatorischen „Soli" wollen vor allem eine Konzentration auf das Wesentliche sein. Aber was ist dabei der

Glaube? Ist er eine „Anstrengung“, soll man sich um ihn bemühen?

Gott lässt sich nicht bestechen oder kaufen. Selbst „gute Werke“, so nützlich sie auch sein mögen, bringen keine Punkte bei Gott. Aber – so haben seit der Reformation die Kritiker gefragt – ist dann nicht der Glaube ein solches Werk?

Nein, sagen die Schrift und sehr viele Glaubensväter und –mütter unserer Vergangenheit. Auch der Glaube ist eine Gnadengabe, ein Geschenk. Ich erhalte diese Geschenk unverdient, soll aber darum bitten und in dieser Bitte auch in glaubensschwachen Zeiten nicht nachlassen.

Der Apostel Paulus, der vom „Maß des Glaubens“ sprechen kann, wusste wohl, dass der Glauben unterschiedlich verteilt ist. Es gibt ja nicht nur „Glauben“ und „Unglauben“, sondern viele Stufen dazwischen, in ganz unterschiedlichen Ausprägungen. Mindestens kennt auch die Bibel den sogenannten „Kleinglauben“. Den meint Jesus zumeist bei seinen engsten Vertrauten, den Jüngern, zu finden, während er auffallend oft den richtigen Glauben bei zweifelhaften Fremden zu finden meint: „Solchen Glauben habe ich in Israel nicht gefunden.“

Das alles nötigt zum Nachdenken über meinen eigenen Glauben. Wie steht es damit?

Und selbst da muss ich – wenn ich ehrlich bin – einräumen: Auch mein Glaube ist veränderlich. Es gibt Phasen in meinem Leben, da freue ich mich, dass ich glauben kann. In anderen Phasen werden die Sorgen größer und die Glaubenszuversicht nimmt ab.

Dass der Glaube nicht zu „machen“ ist, ist deutlich. Luthers Auslegung des Artikels über den Heiligen Geist in unserem Glaubensbekenntnis lässt daran keinen Zweifel:

> *„Ich glaube, dass ich nicht aus eigener Vernunft noch Kraft an Jesus Christus, meinen Herrn, glauben oder zu ihm kommen kann; sondern der Heilige Geist hat mich durch das Evangelium berufen, mit seinen Gaben erleuchtet, im rechten Glauben geheiligt und erhalten."*

Um den Glauben muss ich bitten, und wenn ich glauben kann, kann ich von Herzen dafür dankbar sein. Stolz oder herablassende Häme über die Unfrommen sind völlig fehl am Platz.

Dabei besteht überhaupt kein Zweifel daran, wie nötig gerade heute Glauben, Gottvertrauen und Zuversicht sind. Der Theologe Karl Barth bezeichnet den Glauben als „die Quelle aller ehrlichen Einsichten und tapferen Entschlüsse". Er schreibt:

> *„Der Glaube erleuchtet, erklärt und leitet alles. Er hilft die Wirklichkeit wahrzunehmen und sei sie eine ‚Meer von feindlichem Erfolg und eigenem Misserfolg'". Und: „Der Glaube schenkt die Kraft zu moralischem Handeln auch in auswegloser Situation. Wer nicht glaubt, wird inmitten der heutigen Weltlage vor dem, was zu sehen ist, gewiss lieber beide Augen verschließen und wird gewiss auch alles Moralische für schöne, aber unausführbare Ideen halten. Es braucht aber nicht irgendeinen, sondern den rechten Glauben dazu, um heute klar zu sehen und das Rechte zu wollen und auch zu tun."*

Das mag uns auch im Jahre 2020 Grund und Ansporn sein, um diesen rechten Glauben unablässig zu bitten. Gott gebe es, dass wir dann Anlass haben, uns über einen zuversichtlichen und getrösteten Glauben von Herzen zu freuen.

Um den Glauben muss ich bitten, und wenn ich glauben kann, kann ich von Herzen dafür dankbar sein.

Solche Freude verspüre ich, wenn der junge, damals noch ziemlich fromme Johann Wolfgang Goethe einen alten Pfarrer zu einem neuen jungen Kollegen sagen lässt:

> *„Also, lieber Bruder, danke ich Gott für nichts mehr als die Gewissheit meines Glaubens; denn darauf sterb ich, dass ich kein Glück besitze und keine Seligkeit zu hoffen habe, als die mir von der ewigen Liebe Gottes mitgeteilt wird, die sich in das Elend der Welt mischte und auch elend ward, damit das Elend der Welt mit ihr herrlich gemacht werde. Und so lieb ich Jesum Christum, und so glaub ich an ihn und danke Gott, dass ich an ihn glaube, denn wahrhaftig, es ist meine Schuld nicht, dass ich glaube. Es war eine Zeit, da ich Saulus war, gottlob, dass ich Paulus geworden bin …“*

Prof. Axel Noack, Halle, ist Landesbischof i. R. und lehrt an der Martin-Luther-Universität Halle-Wittenberg.

Luitgardis Parasie

„Ich habe Gott gehasst“

Immer wieder stockt seine Stimme, wenn er mir seine Geschichte erzählt. Am 15.3.2012 begann das Drama. Ahmad ist mit Freunden in einer Bar in Aleppo, sie gucken ein Fußballspiel. In der Halbzeitpause kommen auf einmal Polizisten, sie verhaften Ahmad. Man wirft dem 31-jährigen Arzt vor, regierungsfeindliche Rebellen behandelt zu haben. In der Tat: Nach Bombenangriffen hatte er geholfen, Verletzte zu versorgen. Einfach so, ohne sie vorher nach ihrer politischen Einstellung zu fragen. Nun wird er vom Luftwaffen-Geheimdienst ins Gefängnis gebracht. „Das sind die schlimmsten Gefängnisse, die es in Syrien gibt. Ein winziger Raum, 1 m lang, 60 cm breit. Ich schlief in gekrümmter Haltung auf dem unebenen Boden, konnte mich nie ausstrecken. Bis heute habe ich davon Rückenschmerzen. Es war stockfinster, nur eine kleine Öffnung war oben in der Tür. Durch die hörte man die Schreie der anderen Gefangenen, wenn sie gefoltert wurden. Ich hatte Angst ohne Ende. Einmal am Tag gab es Essen, zur Toilette durfte man auch nur ein Mal täglich. Wenn man häufiger musste, wurde man bestraft.“ Seine Verwandten erhielten keinerlei Informationen, wo er war. Er war einfach verschwunden.

Mit Zigaretten verbrannt

Ahmad wurde in den ersten vier Tagen ununterbrochen verhört. Unter Folter sollte er andere Helfer denunzieren. „Sie verbanden mir die Augen, dann wurde ich mit Stromschlägen gefoltert, sie traten mich und verbrannten mich mit Zigaretten. Oder ich wurde stundenlang an den Händen aufgehängt, manche Mitgefangene sind dabei gestorben." Zum Anziehen hatte er nur seine Hose, T-Shirt und Unterwäsche, nichts zum Wechseln. „Ich war verzweifelt. Und ich habe Gott beschimpft. Ihn gehasst." Nicht, dass Glaube bisher ein Thema für ihn war. Sein muslimischer Vater hatte ihn oft ermahnt zu beten und zu fasten. „Aber das interessierte mich nicht. Fußball, Freundin, Medizin, das war mein Leben." Doch nun fragt er Gott voller Zorn: Warum tust du mir das an? - Nach drei Monaten wurde Ahmad vor den Richter gestellt. „Ich war völlig verwahrlost, hatte Läuse, Krätze, verfilzte lange Haare und sah wirklich aus wie ein Verbrecher." Der Richter sagte, er sei ein Terrorist, denn er habe Terroristen behandelt. „Ich konnte nichts sagen, habe nur geweint." Er fühlte sich sehr schlecht, forderte einen Arzt an. Der sah die Verletzungen durch die Folter und schrieb einen Bericht.

Von Gott geschickt

Daraufhin fand zehn Tage später die nächste Verhandlung statt. Ahmad wurde freigesprochen. Aber gleich im Gericht wurde er von Geheimdienstleuten wieder festgenommen. Man verlegte ihn ins Adra-Gefängnis, die bekannteste Haftanstalt von Damaskus. 40 Gefangene schliefen dort in einem Raum. Nun endlich erfuhr seine Familie, wo er war. Doch der Vater hatte Angst, seinen Sohn zu besuchen. Ahmad sollte jetzt vor das neu gegründete Terroristengericht gestellt werden. Aber angeblich war die Akte verloren. Tage und Wochen vergingen.

Ein anderer Insasse erhielt regelmäßig Besuch von einer älteren Frau. Er erzählte ihr von Ahmad. Die Frau besuchte ihn, war entsetzt über seinen Zustand, versprach, sie würde ihm helfen. Aber Ahmad glaubte ihr nicht. Wenn nicht mal sein Vater ihm half, wieso sollte diese Fremde das tun? Doch tatsächlich, 13 Mal ging sie zum Gericht, sie ließ nicht locker. „Die war von Gott geschickt, oder?", frage ich. „Ja, ich glaube schon. Selbst die Männer haben Angst, dorthin zu gehen, weil es vom Geheimdienst geleitet wird." Schließlich wurde die Akte gefunden. Am 20.6.2013 wurde Ahmad erneut freigesprochen. Diesmal durfte er gehen. Die Frau nahm ihn mit zu sich nach Hause, er duschte, sie gab ihm Wäsche, versorgte seine Wunden. Am nächsten Tag fuhr er zurück nach Aleppo. Arbeitete wieder am Krankenhaus. Ansonsten aber verließ er sein Zimmer nie. Er saß allein im Dunkeln, schaltete nie Licht an, denn er hatte Angst.

„Du musst raus!"

Eines Tages behandelte er den Vater eines Geheimdienstmitarbeiters. Der Sohn zog ihn zur Seite und sagte: „Du musst raus, du wirst immer noch beschattet." Das zog Ahmad den Boden unter den Füßen weg. Schon am nächsten Tag half ihm der Geheimdienstmann zu fliehen.

In Deutschland bekam er sofort politisches Asyl. Die Richterin sah seine Folternarben. Und sie sah im Internet, dass sein Name in Syrien auf der Liste der vom Geheimdienst Gesuchten stand.

Heute arbeitet Ahmad als Arzt in Norddeutschland. Noch immer quälen ihn Albträume. In denen wird er verhört und gefoltert. Im Internet liest er von der Ermordung eines 58-jährigen Herzchirurgen durch die Assad-Milizen. Er hatte Rebellen operiert. Ahmad weint, wenn er das erfährt. Ihm wird dann auch stets neu klar: Er kann nie zurück.

So kann man zu Gott reden?

Aber er weiß auch: Gott hat ihn gerettet. „Ein alter Mann schrieb mir im Gefängnis auf einen Zettel: ‚Gott liebt dich. Wenn du ihn nicht liebst, liebt er dich trotzdem.' Dieser Gedanke ist mir vom Islam total fremd. Aber er hat mich berührt. Ich denke oft daran, wenn ich zweifle."

Sein Weg zu Gott verläuft schwankend. An schlimmen Tagen fühlt er sich von Gott verlassen. Kann nicht glauben, nicht beten. Ich erkläre ihm: „Das ist normal. Dann beten wir für dich. Weißt du, ein Mann bittet Jesus mal: *Ich glaube; hilf meinem Unglauben*. Das drückt doch genau deinen Konflikt aus. Du kannst das auch zu Gott sagen." – „So kann man zu Gott reden?", fragt er. „Ja, probier' es mal aus."
Heute ist es besser zwischen Gott und ihm. Er besucht den Gottesdienst, liest in der Bibel. Hat sich taufen lassen. „Euer Gott hat mir geholfen. Ich stelle ihm viele Fragen, aber ich bin immer höflich zu ihm. Wenn ich zur Kirche gehe, fällt es mir leicht zu glauben. Christen haben mich aufgenommen, sie haben die Menschlichkeit

„Ein alter Mann schrieb mir im Gefängnis auf einen Zettel: ‚Gott liebt dich. Wenn du ihn nicht liebst, liebt er dich trotzdem.'"

gezeigt, die wir in Syrien verloren haben. Ich bin gläubig, weil ich liebevolle Christen kennengelernt habe."

Das Gebet, das braucht er immer noch. Besonders, wenn er wieder schlimme Nachrichten aus Syrien hört: „*Ich glaube. Hilf meinem Unglauben.*"

Luitgardis Parasie ist Pastorin und Buchautorin. Für den NDR beantwortet sie Gewissensfragen.

ULRICH PARZANY

Gebrauchsverbot für ein Bibelwort?

Ich saß im alten „Audimax" der Universität Göttingen. Bei Professor Otto Weber war der große Hörsaal in der Regel voll. Seine Vorlesungen über die christliche Glaubenslehre waren interessant und anschaulich. Er konnte auch schwierige Themen verständlich darstellen. Obwohl die Vorlesung mehr als fünfzig Jahre her ist, habe ich immer noch seinen überraschenden Vorschlag im Ohr: Der Gebrauch des Bibelwortes „Ich glaube; hilf meinem Unglauben!" sollte für die nächsten zehn Jahre verboten werden! Erstaunte, ja ungläubige Gesichter im ganzen Hörsaal. Ärgerliches Raunen sogar.

Professor Weber genoss sichtlich die Reaktionen des Unverständnisses, die er in den Gesichtern der Studenten sah. Und dann legte er nach. Sinngemäß ungefähr so: Wie eitle

Pfauen ihre bunten Federn würden manche ihre Zweifel und ihren Unglauben präsentieren. Sie litten nicht darunter, sie kokettierten damit, als wollten sie sagen: „Glaube doch niemand, meine Zweifel wären leicht zu überwinden!" Manche scheinen ihren Unglauben voller Stolz wie eine Dekoration vor sich her zu tragen. So habe ich die Ausführungen von Otto Weber in Erinnerung. Er fand, dass der Notschrei des Mannes zu oft missbraucht wird. Man tarne sein Misstrauen gegenüber Gottes Wort, seiner Liebe und Treue mit scheinbar intelligenter Widersprüchlichkeit. „Ich glaube; hilf meinem Unglauben!" Das klingt so beeindruckend paradox.

Gestärkt ging ich aus der Vorlesung. Ich hatte von einem klugen Professor einen Lobpreis der verlässlichen Treue Gottes gehört. In all dem Wirrwarr der wechselnden Meinungen und dem Nebel religiöser Gefühle hat Gott sich offenbart: „Das Wort des Herrn geschah"! „Auf alle Gottesverheißungen ist in ihm (in Jesus Christus) das Ja; darum sprechen wir auch durch ihn das Amen, Gott zum Lobe" (2Kor 1,20).

Ich will mit meinem Unglauben nicht kokettieren. Er ist mies und fies. Ich mag ihn nicht.

Trotzdem, den widersprüchlichen Notschrei des Vaters habe ich selber oft wiederholt. Der Vater, von dem das Evangelium berichtet (Mk 9,14-29), war hilflos angesichts der Not seines Sohnes. Er war verzweifelt angesichts der Ohnmacht der Jesus-Nachfolger, die seinem Sohn nicht helfen konnten. Die wiederum waren enttäuscht und ratlos angesichts ihrer Unfähigkeit.

Das alles kenne ich aus meinem Leben und Dienst nur

allzu gut. Und bis heute habe ich einige unerhörte Gebete, die ich immer wieder Jesus sage, oft seufze, weine, schreie. Ich weiß wohl, dass mein Unglaube eine Beleidigung des treuen Vaters im Himmel ist. Ich habe ihm tausend Gründe geliefert, dass ich seine Erhörung und Hilfe nicht verdient habe. Nein, ich will mit meinem Unglauben nicht kokettieren. Er ist mies und fies. Ich mag ihn nicht. So schreie ich ihn mit den Worten des Vaters hinaus. Und ich vertraue fest, dass Jesus mich hört.

Ulrich Parzany, Kassel, ist Pfarrer und Evangelist; bis 2013 war er Leiter von ProChrist.

ANNEGRET PUTTKAMMER

Ein Leben ohne Beine – aber „ein Sonnenschein"

Anni war erst gerade mal 16 Jahre alt, und das Leben lag vor ihr. Man schrieb das Jahr 1921, und die Leiden des 1. Weltkrieges waren noch gut in Erinnerung. Aber für ein junges Mädchen war doch entscheidend, dass die Zukunft offen war! Sie war fröhlich und frisch verliebt, auch übermütig und zu Späßen aufgelegt. Und so lief sie auf dem Bahnsteig von Essen-Steele neben dem anfahrenden Zug her. Die Jungs im Abteil ermunterten sie lauthals – oder muss man sagen: verführten sie? Jedenfalls versuchte sie, den Haltegriff des Waggons zu greifen, um noch schnell aufzuspringen.

Es war nur der Bruchteil einer Sekunde, aber er sollte ihr ganzes Leben prägen. Sie rutschte ab, fiel und wurde vom Zug überrollt. Sie hat überlebt, aber beide Beine mussten amputiert werden, das eine kurz unter dem Knie, das andere gleich darüber.

Anni war die Cousine meiner Großmutter, für meine Mutter und mich nur „Tante Anni". Der schreckliche Unfall und seine Folgen haben ihr Leben stark beeinflusst – wie sollte es auch anders sein?! Aber er hat es nicht alleine bestimmt. Ich denke, dass dabei zwei Gründe ausschlaggebend waren. Der eine war ihr Charakter, ihr schier unbeugsamer Lebensmut. Was für ein Gottes-Geschenk! Und der andere: Ihr Glaube, in den sie von klein auf hineingewachsen war und der sie durch ihr ganzes Leben begleitet hat. Sie selber hätte sicher gesagt, dass der Glaube dabei das Wichtigere war. Und dieser Glaube sollte noch oft auf die Probe gestellt werden!

Die orthopädische Versorgung mit den beiden Beinprothesen war (vor nun fast 100 Jahren!) nicht einfach. Sie wurden mit komplizierten Ledergurten am Körper bis hinauf zu den Schultern gehalten und verursachten Druckstellen und anhaltende Schmerzen. Aber sie konnte sich, wenn auch mühsam, mithilfe nur einer Krücke voran bewegen.

Körperlich war sie nun stark eingeschränkt. Aber Anni ließ es nicht zu, dass ihr das Leben entglitt. Sie machte erst eine kaufmännische Ausbildung und später eine Lehre als Schneiderin. Sie wurde Meisterin und wagte die Gründung eines eigenen Betriebes, in dem zwanzig Frauen Arbeit fanden. Für sich selbst ließ sie eine eigens entworfene Nähmaschine anfertigen, die durch einen Motor und nicht durch Fuß-Pedale angetrieben wurde.

Annis damaliger Freund hat später eine andere Frau geheiratet und bekam mit ihr Kinder. Anni blieb ledig, aber umso mehr lagen ihr die Nichten am Herzen. In den Kriegsjahren floh sie zusammen mit ihrer kranken Schwägerin und deren beiden Töchtern vor den Bombenangriffen auf Essen nach Sachsen. Dort entgingen sie nur knapp dem Tod bei der Bombardierung Dresdens. Sie hat dann später die Töchter des gefallenen Bruders mit großgezogen.

In den Nachkriegsjahren fing sie im Oldenburger Münsterland wieder neu als Schneidermeisterin an. Sie gehörte dort auch zu den ersten Frauen, die in den Kirchenvorstand der Gemeinde gewählt wurden.

Tante Anni hat die Geschichte von dem kranken Jungen und seinem Hilfe suchenden Vater schon von Kind auf gekannt. Und sie war sicher oft dem verzweifelten Ruf des Vaters innerlich ganz nah: *„Ich glaube; hilf meinem Unglauben!“* Was sie im Kindergottesdienst gehört hatte, das musste sich in ihrem Leben als stark und hilfreich erweisen. Dieser Glaube war dann wahrlich kein naiver Kinderglaube mehr, sondern Halt und Stütze in den schweren Situationen und Zeiten des ganzen Lebens. Er ist zutiefst ein „Trotz-allem-Glaube“, der sich den bedrängenden Realitäten mal eher verzweifelt, mal tapfer entgegenstellt und dabei bewährt.

Im Alter lebte Tante Anni in meiner Heimatstadt Velbert. Im dortigen Diakonissen-Haus, der „Bleiberg-Quelle“, fand sie für sich einen Ort der Geborgenheit. Sie half gerne aus, arbeitete im Empfang mit und nähte weiter für die Menschen ihrer Umgebung. Irgendwann hatte sie keine Kraft mehr, um mithilfe der Krücke zu gehen. Da wollte sie zunächst keinen Rollstuhl haben. Sie saß einfach im Bett und strickte. Dann aber kam ein junger Zivildienstleistender, lockte sie mit der Aussicht auf die Frühlingsblumen in den Garten und überredete sie so doch zum Rollstuhl. Sie bekam Spaß daran und ließ sich gerne mit dem VW-Bulli zu Ausflügen und zu Besuchen fahren. So habe ich sie als Kind auch kennengelernt. Tante Anni war eine beeindruckende Frau. Na ja, sie konnte auch „ihre Touren bekommen", wie man in unserer Familie so sagt. Aber vor allem war sie, wie es mein Vater bis heute beschreibt, „ein Sonnenschein".

„Meine Beine sind wohl verloren. Aber ich bin nicht verloren. Denn ich bin von meinem Heiland gefunden worden."

Anders als für den Jungen in der Geschichte der Evangelien gab es für Tante Anni keine wundersame Gesundung. Sie hatte so jung ihre Beine verloren, und die blieben auch verloren. Aber ich bin gewiss, Tante Anni würde sagen: „Meine Beine sind wohl verloren. Aber ich bin nicht verloren. Denn ich bin von meinem Heiland gefunden worden und er hat mich getragen und gehalten. Und das hat er besonders in den Zeiten getan, wo mir der Lebensmut und alle Hoffnung völlig zerbrochen sind. Er hat mich dann so geheilt, dass ich doch wieder lachen konnte, wieder Mut und Kraft bekam, und auch wieder für andere da sein konnte. Dafür bin ich ihm von Herzen dankbar!"

Annegret Puttkammer ist Pröpstin der Evangelischen Kirche für Nord-Nassau.

Martin Scheuermann

Heilungswunder

Jesus sagt dem verzweifelten Vater des Kindes auf den Kopf zu: „Alle Dinge sind möglich dem, der da glaubt". Plötzlich schreit es aus dem Vater heraus: *„Ich glaube; hilf meinem Unglauben!"* – Und prompt heilt Jesus den Jungen.
Gibt es heute auch noch Heilungswunder? Bei meiner Frau klingelt das Telefon. Eine junge Mutter ruft aufgeregt an und fragt, ob wir in unserer Gemeinde Heilungsgottesdienste veranstalten. Sie habe von solchen Gottesdiensten gehört. Ihr 5-jähriger Sohn sei krank und brauche dringend Hilfe. An eine Einschulung sei nicht zu denken. Meine Frau erläutert, dass wir keine Heilungsgottesdienste anbieten, aber selbstverständlich das Gebet für Kranke nach Jakobus 5 durchführen. Wir besuchen die Familie, die seit einigen Wochen an unseren Gottesdiensten teilnimmt. Gemeinsam lesen wir den Bibeltext Jakobus 5,13-16. Gerne sind wir bereit, als Gemeindeleitung für das kranke Kind zu beten. Einige Tage später findet ein kleiner Gebetsgottesdienst in unserer Kapelle statt. Die Familie hat Opa und Oma und Tante mitgebracht. Wir lassen uns die Krankheitsgeschichte nochmals erläutern. Dann singen und beten wir. Jeder Anwesende, der möchte, betet für den Jungen, segnet und salbt ihn. Zum ersten Mal in ihrem Leben tun dies die Mutter und der Vater, auch Opa und Tante segnen das Kind. Wir erleben heilige Augenblicke! Der Gesundheitszustand des Kindes bessert sich und es kann sogar eingeschult werden.

Ganz unterschiedliche Geschichten könnte ich erzählen. Das Gebet für Kranke nach Jakobus 5 hat eine große Verheißung: „Das Gebet des Glaubens wird dem Kranken helfen, und der Herr wird ihn aufrichten; und wenn er Sünden getan hat, wird ihm vergeben werden." (Jakobus 5,15) Eine 40-jährige Mitarbeiterin auf dem Schönblick bekam eine erschreckende Krebsdiagnose. Auf ihren Wunsch salbten wir sie und baten Jesus um Heilung. Eine über 2-jährige schwere Krankheitszeit schloss sich an. An manchen Tagen sah es mehr nach Sterben als nach Heilung aus. Schließlich schenkte Gott doch Heilung und wir feierten ein großes Dankfest in der Gemeinde. Dies ist nun schon 18 Jahre her. Die Mitarbeiterin ist fit und backt den besten Kuchen weit und breit für unser Café. Aber auch anderes haben wir erlebt: Eine 45-jährige Mutter von 4 Kindern starb an Krebs, obwohl wir über ein Jahr lang täglich zum Gebet zusammengekommen waren. An ihrem Sterbetag besuchte ich sie drei Mal. Sie konnte ihre Familie loslassen und starb in tiefem Frieden.

Ein Pastor berichtet Folgendes: „In einem Krankenhaus hielt ich am Morgen eine Andacht für die Patienten. Nach einer solchen Andacht bat eine Patientin um meinen Besuch. Sie fragte mich: „Haben Sie den Glauben, mir die Hände aufzulegen, damit ich wieder gesund werde?!" Dabei verwies sie mich auf den Jakobusbrief und diese Stelle. Ich ließ mir ihre Krankengeschichte erzählen. Die Kranke war durch einen bösartigen Tumor vom Tod gezeichnet. Die Krankheit war so fortgeschritten, dass an eine Heilung nicht zu denken war. Das bestätigte mir auch der behandelnde Arzt. Nach dessen Urteil hatte die Dame keine große Lebenserwartung mehr. Sie sagte mir: „Es ist unmöglich Gottes Wille, dass ich sterbe. Ich bin verheiratet und habe drei Kinder. Mein Mann und meine Kinder brauchen mich dringend." Ich bemühte mich, jener Dame zu erklären, was die Bibel unter Glauben versteht, ferner, dass Gott auf jeden Fall helfen kann. So wie es in Jakobus steht. Worin aber die Hilfe bestehen könnte, erklärte ich ihr folgendermaßen:

1. Gott kann heilen. Das ist für mich kein Glaubensproblem.
2. Gott kann den Verlauf der Krankheit hemmen, dass Sie nochmals für eine gewisse Zeit bei Ihrer Familie sein können. Auch das ist Hilfe.
3. Gott kann eine besondere himmlische Kraft verleihen, die Krankheit zu ertragen und ein „Ja" zu finden für das Sterben.

Zum letzten Punkt entwickelte sich ein erregendes Gespräch. Am Ende desselben sagte ich ihr: „Ich werde Ihnen die Hände auflegen, wenn sie bereit sind, willig anzunehmen, was Gott tut und ihm die Entscheidung überlassen." Es dauerte Tage, bis die Frau dazu bereit war. Schon diese Bereitschaft war ein Wunder Gottes. Schließlich war sie innerlich still geworden und willig, an sich geschehen zu lassen, was Gott für sie und ihre Familie tun würde. Sie betete unter Tränen „Dein Wille geschehe". Mit einem anderen Seelsorger zusammen legte ich ihr die Hände auf und betete nach Jakobus 5. Gott schenkte Heilung. Der zuständige Arzt bestätigte das. Etwa 14 Tage nach

„Ich werde Ihnen die Hände auflegen, wenn sie bereit sind, willig anzunehmen, was Gott tut und ihm die Entscheidung überlassen."

diesem Geschehen wurde die Dame entlassen. Sie sagte zum Abschied: „Was Glauben heißt, habe ich jetzt erst wirklich erfahren."

Schon Martin Luther hatte eine eingeübte Praxis des Krankengebetes. Er schreibt ein Jahr vor seinem Tod im Jahr 1545 an einen Pfarrer:

> *„Ehrwürdiger Herr Pastor! Wir pflegen uns an diese Regel zu halten: Es war nämlich ein Schmuckkästchenmacher genauso wie Herr Korner von einer Manie überfallen worden. Den haben wir durch das Gebet in Christus geheilt. Darum unternimm Folgendes: Besuche ihn zusammen mit dem Hilfsprediger und zwei oder drei guten Männern – du selber in unumstößlicher Gewissheit, weil du im öffentlichen Kirchenamte stehst und Ortspastor bist –, lege ihm die Hände auf und sprich: Friede sei mit dir, lieber Bruder, von Gott unserem Vater und von Jesus Christus! Danach bete mit vernehmlicher Stimme über ihm das Glaubensbekenntnis und das Vaterunser. Schließe mit folgenden Worten: Gott, allmächtiger Vater, der du zu uns gesprochen hast durch deinen Sohn: Wahrlich, wahrlich, ich sage euch, wenn ihr den Vater in meinem Namen etwas bitten werdet, so gibt er es euch. Ebenso Psalm 50: Rufe mich an am Tage tiefer Not, so reiße ich dich heraus, und du wirst mich verherrlichen – darum rufen wir armen Sünder auf das Wort und den Befehl deines Sohnes dein Erbarmen an mit aller unserer Glaubenskraft: Würdige diesen Menschen, dass du ihn von allem Übel befreist. Zerstöre das Werk Satans in ihm zur Verherrlichung deines Namens und*

zum Wachstum des Glaubens und der Heiligen durch denselben unsern Herrn, deinem Sohn Jesus Christus, welcher mit dir lebt und regiert von Ewigkeit zu Ewigkeit. Amen. Darüber hinaus halte Fürbitten öffentlich im Gottesdienst von der Kanzel, bis Gott erhört." (WA.B 11, 111f).

Martin Scheuermann ist theologischer Leiter und Direktor des Christlichen Gästezentrums Schönblick in Schwäbisch Gmünd.

HARTMUT SCHMID

Glauben und Unglauben nahe beieinander

Der Begriff „Glauben" wird in der Bibel mit zwei Schwerpunkten verwendet: Der erste Schwerpunkt ist die grundsätzliche Aussage des Glaubens an Gott. Der Glaube meint hier die Umkehr des ganzen Lebens zu Jesus und ein Leben im Glauben an ihn. Beim zweiten Schwerpunkt der Verwendung geht es um ein konkretes Ereignis. Vertraue ich in einer ganz konkreten Lebenssituation der Hilfe Gottes?

Dieser zweite Schwerpunkt ist der Hintergrund der Jahreslosung. Ein Vater möchte die Heilung seines Sohnes von Jesus. Jesus fordert den Vater heraus mit der Aussage: „Alle Dinge sind möglich dem, der da glaubt." Und dann bricht es aus dem Vater heraus und er schreit *„Ich glaube; hilf meinem Unglauben!"*

Ist das möglich? Kann Glauben und Unglauben so nahe beisammen liegen? Ich meine Ja und dies vor allem in ganz konkreten Situationen. Ich glaube, ich möchte glauben – und gleichzeitig erkenne ich meinen Zweifel, meinen Unglauben im Blick auf diese bestimmte Situation. Wird Jesus tatsächlich helfen?

Ich möchte ein konkretes Beispiel von mir erzählen und muss mich zum Verständnis kurz vorstellen. Ich bin Vorsitzender des Liebenzeller Gemeinschaftsverbandes (LGV). Dieser Verband finanziert sich (wie die allermeisten Gemeinschaftsverbände in Deutschland) fast ausschließlich aus Spendenmitteln.

Zusammen mit den Verantwortlichen des Verbandes erlebe ich jedes Jahr im Blick auf die Finanzen ein ähnliches Szenario. Gegen Jahresende stellt sich die Frage, ob die eingehenden Spenden für die geplanten und weithin schon getätigten Verbandsausgaben reichen.

Anfang November 2018 zeigte sich, dass die Schere zwischen Bedarf und Spenden gegenüber den Vorjahren deutlich weiter auseinander lag. Dies wirft bange Fragen auf. Werden die benötigten Spenden noch eingehen oder nicht? Das verbindet sich mit einer weiteren Frage: Werden wir unsere Arbeit umstrukturieren müssen? Werden wir gerade missionarische Projekte, für die es wenige direkte Spenden gibt, zurückfahren oder gar einstellen müssen? Verbunden damit ist das Gebet, dass Jesus uns zeigt, was sein Wille für uns ist.

In dieser Situation des bangen Fragens, Wartens und Betens wurde ich konfrontiert mit zwei Bibelworten. Das erste Wort wurde gezogen beim Gebetstag des LGV-Verbandskomitees, dem leitenden Gremium unseres Verbandes. Jedes Jahr gibt es Ende November/Anfang Dezember einen Gebetstag, an dem die gesamte Verbandsarbeit im Gebet vor Gott gebracht wird. An diesem Tag wird auch das Jahreslos für das neue Jahr gezogen. Das für 2019 gezogene Wort Gottes steht in Psalm 55,23 und lautet: „Wirf dein Anliegen auf den Herrn; der wird dich versorgen." Dieses Wort war für mich eine große Ermutigung, alle Anliegen wirklich auf den Herrn zu werfen. Das gilt nicht nur für die Finanzen. Es gilt für viele andere Anliegen im Blick auf den Verband und auch persönliche Anliegen. Aber es gilt eben auch für die Finanzen.

Das zweite Wort, das mich sehr angesprochen hat, waren Losung und Lehrtext vom 15. Dezember 2018 im Losungsbuch der Herrnhuter Brüdergemeine: „Ich will zu Gott rufen, und der Herr wird mir helfen." (Psalm 55,17 – derselbe Psalm wie das Jahreslos für 2019) und: „Jesus spricht: Wenn ihr den Vater um etwas bitten werdet in meinem Namen, wird er's euch geben." (Johannes 16,23).

„Wirf dein Anliegen auf den Herrn; der wird dich versorgen." (Psalm 55,23)

Diese Worte haben mich ganz konkret in der Situation im Blick auf die Finanzen sehr ermutigt zu glauben, dass das Wunder geschieht und die hohe Summe der fehlenden Finanzen eingeht. Aber ich habe mich auch immer wieder dabei ertappt, wie der Zweifel groß war und ich es doch kaum glauben konnte, dass es tatsächlich geschehen wird.

Wie ging es zum Ende des Jahres aus? Es blieb eine relativ geringe Differenzsumme zwischen Bedarf und eingegangenen Spenden. Für mich ein Wunder. Aber dieses Wunder war im Rückblick auf die erfahrenen Gottesworte auch nicht überraschend. Im Rückblick war ich beschämt auch im Blick auf meinen Zweifel. Und ich war um eine Erfahrung reicher, dass Gott sein Wort wahr macht.

Was lerne ich daraus?

- Ehrlich sein wie der Vater im biblischen Bericht. Jesus offen sagen: „Ich glaube, ich möchte glauben, deiner Hilfe vertrauen – aber es fällt mir schwer und da sind die Zweifel."
- Den ermutigenden Worten aus Gottes Wort vertrauen.
- Das Eigene dazu beitragen. Gottes Hilfe entbindet uns nie der eigenen Verantwortung und dem eigenen Tun, insofern es uns möglich ist. Im von mir beschriebenen Beispiel: Das Erleben von Gottes Hilfe besagt nicht, dass ich die Hände in den Schoß legen und ohne etwas zu tun warten darf, was Gott tut. Jesus ruft den Vater auf zum Glauben. Es gibt Situationen, in denen wir außer Vertrauen und Beten nichts mehr tun können. Wo wir aber unsere Gaben einsetzen können, sollen wir dies auch tun, wohl wissend, dass das Gelingen an Gottes Segen liegt.

Glauben und Zweifel liegen oft nahe zusammen. Gebe es Jesus, dass uns immer wieder neu in ganz konkreten Situationen der Glaube geschenkt wird.

Dr. Hartmut Schmid ist Pfarrer und Vorsitzender des Liebenzeller Gemeinschaftsverbandes.

Theo Schneider

„Alle Dinge sind möglich ...“

Auch wenn es schon Jahre zurückliegt, wird mir immer wieder bewusst, wie mich die Jahre der Ausbildung an der Evangelistenschule Johanneum in Wuppertal nachhaltig geprägt haben. Vorher Schulausbildung, dann Lehre als Bankkaufmann und dann ging es plötzlich um Bibelkenntnis, um Exegese, neutestamentliches Griechisch, grundlegende theologische Fragen, um Grundlinien evangelischer und evangelistischer Verkündigung, um Seelsorge und Kirchengeschichte. Das war spannend. Gelernt haben wir aber nicht nur in den Vorlesungen und Seminarverstaltungen, sondern auch im Miteinander des gemeinsamen Lebens. Zwölf Personen in einem Kurs, unter einem Dach, auf einem Flur, jeder ein Original. Das war großartig, oft auch spannend und auf jeden Fall lehrreich.

Für mich kam im zweiten und dritten Studienjahr noch ein kleines Geschenk dazu: eine Art „Zweierschaft“ mit Horst Werner, einem Mitbruder aus meinem Kurs. Er war vorher Polizist gewesen. Er war engagiert bei der Sache; eine missionarische Leidenschaft prägte ihn. Unsere „Zweierschaft“ zeigte sich vor allem in einer Verabredung: Abends um 20:30 Uhr war Schluss mit dem Studieren, Lesen oder Schreiben; wir machten unseren Spaziergang durch den Nordpark, das schöne Fleckchen Erde direkt neben dem Johanneum. So eine halbe Stunde; mehr musste es gar nicht sein. Und um 5:00 Uhr morgens starteten wir in den neuen Tag.

Auf unseren Spaziergängen sprachen wir natürlich über alles Mögliche, über Persönliches, über die noch sehr unbestimmten Pläne für die Zukunft, über Gott und Welt. Ein wichtiger Akzent der Ausbildung waren auch die Probepredigten, die wir zu halten hatten. Den Predigttext bekam man drei Wochen vor dem Predigttermin vom zuständigen Dozenten. Mit dem Text der ausformulierten Predigt musste drei Tage vor dem Termin auch eine ausführliche Exegese und Meditation des Textes abgegeben werden. Kurzum: Die drei Wochen vor dem Predigttermin waren eine gut gefüllte Zeit, denn der normale Unterricht lief weiter.

Horst Werner bekam als Text für seine Probepredigt die Geschichte vom Vater des besessenen Jungen (Markus 9,14-27) mit den beiden Spitzensätzen: „Alle Dinge sind möglich dem, der glaubt." Und: *„Ich glaube; hilf meinem Unglauben."* Er machte sich sofort engagiert an die Arbeit; er klopfte den griechischen Wortlaut ab, las Kommentare und Predigtmeditationen. Ein Stachel, ein Stolpersatz war für ihn der Satz: „Alle Dinge sind möglich dem, der glaubt!" Stimmt das? Wird uns damit nicht eine unglaubliche Last auferlegt? Glauben wir nicht richtig, wenn unsere Gebete nichts bewirken? Uns ist doch so oft nicht alles möglich! Wie kann man über diesen Satz predigen? Doch an einem der Abende in den drei Wochen musste er mir unbedingt die für ihn so befreiende Nachricht weitergeben: „Ich habe diesen Satz bisher falsch verstanden; er ist keine Aufforderung für mich oder für uns; damit wird uns keine Last auferlegt, unbedingt richtig oder tief genug zu glauben. Nein:

„In der Nähe von Jesus sind wir mit unseren Zweifeln, Ängsten und unserem Unglauben genau an der richtigen Stelle."

Dieser Satz ist eine Selbstvorstellung von Jesus! Jesus ist der einzigartig Glaubende; er steht in einer ungetrübten, umfassenden Lebensbeziehung mit seinem Vater. Deshalb ist ihm alles möglich! Dieser Stolpersatz spricht nicht von uns, sondern von ihm, von Jesus. Auf diesem Hintergrund war der Ruf des Vaters des kranken Jungen genau richtig, die einzige rettende Antwort: ‚Ich glaube, hilf meinem Unglauben.' In der Nähe von Jesus sind wir mit unseren Zweifeln, Ängsten und unserem Unglauben genau an der richtigen Stelle."

Mir war diese Auslegung auch neu, aber sie hat mich damals überzeugt. Ich habe sie nicht vergessen, und wann immer es um diese biblische Geschichte geht, kann und werde ich sie nicht anders auslegen. Jesus ist der Inbegriff des Glaubens in Person. Deshalb kann ich bei ihm bitten, klagen, zweifeln. Auch wenn er nicht helfen sollte, so hält er doch seine Hand über die Menschen, die sich an ihn hängen.

An die damalige Predigt von Horst Werner kann ich mich nicht mehr erinnern. Ich bin sicher, dass sie ein gutes Echo gefunden hat – und dass auch die Benotung durch die Dozenten dazu passte. Aber die Auslegung dieses einen Satzes begleitet mich.

Horst Werner war nach der Zeit am Johanneum Bezirksjugendreferent in zwei westfälischen Regionen, dann Pastor im Seehospiz Norderney, einer großen Kinderklinik des Diakonissen-Mutterhauses Kinderheil, und die letzten Jahre seines Dienstes war er Pastor und Krankenhausseelsorger in einer Lungenklinik in Hemer/Sauerland. Vor der Zeit musste er seinen Dienst beenden, denn eine unheilbare Nervenkrankheit (ALS) schränkte sein Leben immer mehr ein. 2006 musste er zwangsläufig in den Ruhestand. Aber die Krankheit schritt immer weiter voran. Am Ende war er total hilflos. Im Alter von 61 Jahren ging 2008 sein irdisches Leben zu Ende. Immer aber wusste er sich gehalten von Jesus, dem einzigartig Glaubenden. Ich schreibe diese Zeilen in großer Dankbarkeit für den Weggefährten und Bruder Horst Werner.

Theo Schneider ist Generalsekretär i. R. des Evangelischen Gnadauer Gemeinschaftsverbandes und lebt in der Lutherstadt Wittenberg.

ALBRECHT SCHÖDL

Bist du der liebe Gott?

Ein Erlebnis in der Schule

Vor einiger Zeit war ich zu einem Gottesdienst in ein Förderschulzentrum eingeladen. Mehrere Hundert Schüler, auch einige mit schweren körperlichen und geistigen Beeinträchtigungen, waren zusammengekommen.

Die Religionslehrerin hatte alles liebevoll vorbereitet, ich hatte nur einen kleinen Part beizusteuern. Sie hatte mich allerdings gebeten, als Pfarrer deutlich erkennbar zu sein. Also zog ich meine weiße Albe an und setzte mich vor Beginn des Gottesdienstes in die Sitzreihen zu den Schülern. Mit meinen Nachbarn versuchte ich, ins Gespräch zu kommen.

Neben mir saß ein etwa achtjähriger Junge, der mich neugierig anschaute. „Wie heißt du?“, fragte ich ihn. „Christoph“, kam die Antwort. Dann war längere Zeit Funkstille. Doch dann fragte er mich plötzlich sehr erwartungsvoll: „Bist du der liebe Gott?“

„Nein“, gab ich zur Antwort. „Ich bin ein Pfarrer. Weißt du, was ein Pfarrer ist?“ Er schüttelte den Kopf. Und ich versuchte, ihm in einfachen Worten zu erklären, dass ich den Menschen von Gott erzähle, mit ihnen singe und bete.

Lernt vom Vertrauen der Kinder!

Mich hat diese ehrfürchtige Kinderfrage sehr berührt. Da schwang etwas mit, was mir bis heute nachgeht. Was für ein Vertrauen! Bei einem Kind, das wenig vom Glauben, geschweige denn von der Kirche weiß. Und was für eine Erwartung, einfach so auf den „lieben Gott“ zu treffen – ohne kritisches Hinterfragen!

Weil Kinder so vorbehaltlos glauben können, hat Jesus sie gern als Beispiel in die Mitte gestellt. Uns Erwachsenen schreibt er damit ins Stammbuch: Lernt von ihrem Vertrauen! Das konnte ich nach diesem Vormittag im Förderzentrum neu für mich durchbuchstabieren. Oder mit Ignatius von Loyola formuliert: „Gott in allen Dingen suchen und finden!“ Das heißt doch: Gott ist überall da, ich muss ihn nur wahrnehmen. Und wenn mir das schwerfällt, dann darf ich das am Beispiel anderer lernen.

Trotzdem ertappe ich mich oft dabei, dass ich das nicht

(mehr) so selbstverständlich wie die Kinder kann. Einfach glauben, einfach vertrauen – ohne Wenn und Aber, ohne kritisches Hinterfragen. Deshalb wird mir die Jahreslosung für 2020 zum persönlichen Gebet: „*Ich glaube; hilf meinem Unglauben.*" In meinen Worten gesagt: „Ich will ja schon glauben, aber es fällt mir manchmal schwer. Mir kommt gar nicht in den Sinn, dass du, himmlischer Vater, dabei bist. Hilf mir, lieber Gott, dich zu suchen und dann auch wirklich wahrzunehmen!"

Der Zusammenhang in der Bibel

Aber welchem Zusammenhang in der Bibel ist die Jahreslosung entnommen?

Im Markusevangelium wird erzählt, dass ein Vater mit seinem kranken Sohn zu Jesus kommt. Viele schwierige Situationen hat dieser Vater mit seinem Kind erleben müssen. Niemand konnte ihm helfen in seiner Not. Auch die Jünger Jesu nicht, die er zuvor um Hilfe gebeten hatte. Verzweifelt wendet sich der Vater an Jesus: „Kannst du *möglicherweise* helfen?"

„Ich will ja schon glauben, aber es fällt mir manchmal schwer. Mir kommt gar nicht in den Sinn, dass du, himmlischer Vater, dabei bist. Hilf mir, lieber Gott, dich zu suchen und dann auch wirklich wahrzunehmen!"

Jesus fordert zum tiefen, uneingeschränkten Vertrauen auf und antwortet dem Vater: „Natürlich, nichts ist unmöglich!" Und er sagt weiter: „Wer glaubt, kann alles." Der geplagte Vater fühlt sich von diesem hohen Anspruch überfordert und schreit heraus: „*Ich glaube; hilf meinem Unglauben.*"

Ich kann mich gut in den Vater hineinversetzen. Er will nur das Beste für sein Kind. Was er zur Heilung beitragen kann, will er unbedingt tun. Aber diese Aufforderung, Jesus vorbehaltlos zu vertrauen, übersteigt seine Möglichkeiten. Deshalb schreit er mit letzter Kraft ein Gebet heraus, das an Jesus gerichtet ist. Der Vater bekennt darin ehrlich seinen (Wunsch zum) Glauben und gleichzeitig seine innere Zerrissenheit und seinen Zweifel. – Das kenne ich auch!

Mich ermutigt sehr, wie die Geschichte weitergeht. Jesus hört diesen Hilfeschrei eines hin und her gerissenen Menschen. Daraus lerne ich: Es gibt bei ihm noch viel mehr als die Alternative von Glauben oder Unglauben. Dazwischen gibt es viele Zwischenstufen! Jesus genügt ein kleines bisschen Glauben auf meiner Seite, um einzugreifen. An anderer Stelle spricht er vom Senfkorn-Glauben, der gefragt ist.

Zurück zum Vater und seinem Kind. Entscheidend ist, dass der Mann spürt: Diesem Jesus kann ich mich anvertrauen. Ich spreche da nicht ein teilnahmsloses Gegenüber an, sondern den liebenden Gott. Zu ihm darf ich mit meiner Zerrissenheit und meiner Not kommen. Und wir dürfen dieses Gebet einfach nachsprechen. Im Vertrauen darauf, dass Gott das hinzufügt, was uns fehlt: „Ich glaube; hilf meinem Unglauben."

Dr. Albrecht Schödl ist Pfarrer im Kloster Volkenroda und Mitglied der Jesus-Bruderschaft Volkenroda.

Brigitte Seifert

Gott, wie lange willst du mich so ganz vergessen?

1975: Meine Bewerbung zum Medizinstudium ist abgelehnt worden. Irgendwie musste ich damit rechnen. Denn ich bekannte mich zum christlichen Glauben, und das war in der DDR durchaus ein Grund, einem Menschen den Zugang zu einer Hochschule zu verweigern. Gewiss, offiziell hatten wir Religionsfreiheit. Und so hieß es auch in der Begründung, die uns auf hartnäckige Nachfrage endlich gegeben wurde: „wegen beträchtlicher Rückstände in der Persönlichkeitsentwicklung, die aufgrund des Elternhauses in nächster Zeit auch nicht aufzuholen sind". Gemeint war die sozialistische Persönlichkeitsentwicklung, versteht sich. Meine Mutter war im Kirchenvorstand, mein Vater leitete den Posaunenchor; sie galten also in den Augen der marxistisch-leninistischen Führung nicht als Vorbilder.

Wie gesagt, irgendwie hatte ich mit der Ablehnung gerechnet. Und ich war voller Zuversicht: Gott wird mir schon einen Weg zeigen, den ich gehen kann! Schließlich bin ich ja um seinetwillen in diese Lage gekommen!

Meine Mitschüler versuchten, mir den Glauben an Gott auszureden. Ich diskutierte mit ihnen. Es fiel mir nicht schwer, zu meinem Glauben zu stehen. Noch am Vormittag hatte es eine solche Debatte gegeben.

Am Nachmittag ging ich dann wie so oft zur Kirche, um Orgel zu üben. Auf dem Weg dorthin schoss mir plötzlich ein Gedanke durch den Kopf: „Du verlässt dich hier auf

Gott. Wenn es den nun gar nicht gibt?“ Mir stockte der Atem. Es war klar: „Dann bin ich aber aufgeschmissen!“ Ich erschrak. Darüber, dass solche Gedanken überhaupt in mir waren. Und darüber, dass ich nicht wusste, wie es in diesem Fall weitergehen soll.

In der Kirche angekommen, ging ich nicht wie sonst gleich hoch zur Orgel, sondern zuerst zum Altar. Ich kniete nieder und betete. Etwa so: „Herr, ich weiß zwar grade nicht mehr, ob es dich gibt. In mir sind lauter Zweifel und Angst. Hilf mir bitte.“ Es war kein langes Gebet. Eigentlich ist es ja absurd, einen Gott um Hilfe zu bitten, an dessen Existenz man zweifelt. Aber genau das war meine Rettung.

„Du verlässt dich hier auf Gott. Wenn es den nun gar nicht gibt?“ Mir stockte der Atem. Es war klar: „Dann bin ich aber aufgeschmissen!“

Ich stand auf und ging zur Orgel. Dort lag immer eine Bibel. Im Anhang waren Bibelstellen für bestimmte Anlässe aufgelistet, unter anderem „In Zweifel und Anfechtungen“. Ich schlug die erstbeste Stelle auf. Psalm 13. Und las:

> *„Herr, wie lange willst du mich so ganz vergessen?*
> *Wie lange verbirgst du dein Antlitz vor mir?*
> *Wie lange soll ich sorgen in meiner Seele*
> *und mich ängsten in meinem Herzen täglich?*
> *Wie lange soll sich mein Feind über mich erheben?“*

Ich las mit wachsender Spannung: Das ist doch genau meine Situation!

> *„Schaue doch, und erhöre mich, Herr, mein Gott!*
> *Erleuchte meine Augen, …*

dass nicht mein Feind sich rühme, er sei meiner mächtig
geworden,
und meine Widersacher sich freuen, dass ich wanke.“

Diese Worte sprachen mir aus dem Herzen. Erstaunt las ich weiter:

„Ich traue aber darauf, dass du so gnädig bist:
Mein Herz freut sich, dass du so gerne hilfst.
Ich will dem Herrn singen, dass er so wohl an mir tut.“

Meine Zweifel waren wie weggeblasen. Von jetzt auf gleich. Wenn es den Menschen vor über 2000 Jahren schon so ging, dann brauche ich mich ja nicht zu wundern, dass mir Ähnliches widerfährt!

Der unbekannte Beter von Psalm 13 und die vielen Menschen, die ihn im Laufe der Jahrhunderte gebetet haben mögen, nahmen mich sozusagen an der Hand. Sie hatten ihren Zweifel mit mir geteilt. Nun konnte ich ihnen auch ihre Zuversicht glauben: *„Ich traue aber darauf, … dass du so gerne hilfst. Ich will dem Herrn singen, dass er so wohl an mir tut.“*

Ich wusste mich getragen vom Gottvertrauen der vielen Generationen vor mir und von ihren Erfahrungen, wie Gott selbst Zweifel überwindet. Voller Freude nahm ich das Choralbuch und spielte „Lobe den Herren, den mächtigen König der Ehren!“

Äußerlich war alles noch genauso unsicher wie vorher. In mir aber war alles wie umgewandelt.

Am nächsten Tag kam der Berufsberater unserer Schule und teilte mir mit, in der Apotheke werde eine Hilfskraft gebraucht, die sich im Rahmen der Erwachsenenqualifizierung zur Apothekenfacharbeiterin ausbilden ließe.

Diesen Weg schlug ich ein. Er führte mich schließlich über Umwege bis zum Theologiestudium. In meinem Dienst als Seelsorgerin verstand ich mich dann als Assistentin des großen Arztes, der die Menschen auf einer tieferen Ebene heilt. Es war und ist mir eine Ehre, seine „Apothekenhelferin“ zu sein.

Dr. Brigitte Seifert ist Pfarrerin am Haus der Stille im Evangelischen Zentrum Kloster Drübeck.

MANFRED SIEBALD

Kopfprozesse und Herzenssachen

Die Studierenden des Seminars „Kontrastive Lexikologie Deutsch/Englisch“ sitzen in Gruppen im Hörsaal und bearbeiten die Aufgaben, die ihnen der Dozent gestellt hat. Die Veranstaltung mit dem kompliziert klingenden Titel versucht eigentlich nur, solche ganz einfachen Fragen wie die zu beantworten, warum die englische Sprache für eine Sache mehrere Worte hat – die deutsche Sprache aber nur eins. Weil sich in umgekehrter Richtung dasselbe beobachten lässt, gibt es viel zu tun.

Eine der Gruppen hat die Aufgabe gestellt bekommen,

die deutschen Wörter „Glauben“ und „Glaube“ mit ihren englischen Entsprechungen zu vergleichen. Steffen, Tanja, Lioba und Mark beginnen damit, die deutschen Bedeutungen dieser Wörter zu untersuchen.

„Wenn ich sage: ‚Ich glaube nicht, dass es morgen regnet‘, dann will ich damit ausdrücken, dass ich es nicht genau weiß“, sagt Tanja. „‚Glauben‘ heißt: ‚Für möglich halten, es aber nicht richtig wissen.‘ Oder auf den Punkt gebracht: ‚Glauben‘ heißt: ‚nicht wissen.‘“

„Ja, so benutze ich das Wort meistens auch“, stimmt Steffen zu. „Und in diesem Sinne ist Glaube eigentlich etwas Negatives. Ich gebe zu, dass ich nicht genügend Beweise oder Argumente habe, und deshalb bleibt mir halt nur das Glauben.“

Lioba schaut ihn zweifelnd an: „Aber manchmal sagt man doch auch: ‚Ich glaube an dich‘ oder: ‚Ich glaube an die Demokratie.‘ Das ist erstens ganz positiv, und zweitens hat es doch weniger mit meinem Gehirn zu tun als mit meiner Entscheidung, einen Menschen oder eine Sache zu mögen. In dieser Beziehung ist Glauben doch eher Herzenssache. Meine Zeit – was für ein unglaublich vieldeutiges Wort! Aber lasst uns doch jetzt mal rausfinden, wie es im Englischen aussieht.“

Nach einer Weile haben die vier eine ganze Reihe Übersetzungsmöglichkeiten gefunden – unter anderem „belief“ und „faith“. Was bedeuten diese Begriffe im Einzelnen und wie verhalten sie sich zu dem simplen deutschen „Glaube“?

Mark hat in der Online-Version des monumentalen Oxford English Dictionary schon den Begriff „belief“ angeklickt. „‚Belief‘ bezeichnet die Annahme, dass etwas existiert oder wahr ist, selbst wenn man das nicht aus persönlicher

Beobachtung und Erfahrung beweisen kann – dass man also etwas ‚aufgrund einer Autorität oder einer Zeugenaussage' für wahr hält."

„Daher kommt wohl im Deutschen das Wort ‚Überzeugung'", vermutet Steffen. „Auch wenn ich mich noch so gut informiere und alles reflektiere, kann ich manches aus meinem Blickwinkel nicht verstehen oder erklären. Dann muss ich mich auf die Informationen und Erklärungen von anderen verlassen, um zum Beispiel bei dem Urteil zu landen: ‚Ich glaube, dass es so etwas wie den Klimawandel gibt.' Leider gibt es halt auch Menschen, die vor den bekannten Daten die Augen verschließen und deshalb lauthals verkünden, dass der Klimawandel gar nicht existiert."

„Stimmt", sagt Lioba. „Auf vielen Gebieten habe ich übrigens noch nicht einmal die Möglichkeit, Daten zu prüfen, und nehme trotzdem ganz praktisch an, dass etwas wahr ist. Ich denke da an mein Navi. Wie soll ich da immer sicher sein, ob die Satelliten nicht gerade einen Aussetzer haben oder ob die Programmierer wirklich schon im Voraus gewusst haben, wo die für mich beste Route verläuft? ‚Belief' hat also anscheinend zunächst mit der Einschätzung von Sachen und Fakten zu tun, aber letzten Endes dann doch auch ein bisschen mit einem positiven Gefühl gegenüber Menschen."

Auch Tanja ist inzwischen in dem großen Wörterbuch fündig geworden: „‚Faith' kommt ursprünglich aus dem Lateinischen. Dort heißt ‚fidere' so viel wie ‚vertrauen', und deshalb wird als erste Bedeutung des englischen ‚faith' auch das Vertrauen zu einer Person, zu ihrer moralischen Qualität und ihren Fähigkeiten genannt – im Weiteren dann auch zu der Verlässlichkeit einer Sache oder Aussage. Die meisten

Verwendungen von ‚faith‘, heißt es hier, haben etwas mit religiöser Gewissheit zu tun. Das alles klingt so, als wäre ‚faith‘ mehr eine Sache des Herzens als des Verstandes.“

Tanja kratzt sich am Kopf. „Bevor man das Objekt und den Inhalt einer Annahme unter die Lupe nimmt, entscheidet man sich also schon mal emotional, Vertrauen in einen Menschen zu investieren. Dieses Vertrauen kann sich aber dann auch – wie heißt es hier? – auf ‚die Wirksamkeit oder den Wert einer Sache oder die Wahrheit einer Feststellung oder Lehre‘ erstrecken. Irgendwie ähnlich wie bei ‚belief‘, aber in umgekehrter Reihenfolge.“

„Sehr gut, was Sie da bisher herausgefunden haben“, sagt der Dozent, der von einer Gruppe zur anderen geht und jetzt der Gruppe „Glaube“ eine Weile zugehört hat. „Ist es nicht interessant, welche ganz unterschiedlichen Bedeutungen der beiden englischen Wörter alle in dem einen deutschen Wort ‚Glaube‘ Platz haben? Vereinfacht gesagt bewegen wir uns bei ‚belief‘ tatsächlich zuerst mehr auf dem Terrain des Verstandes und beurteilen gedankliche Inhalte danach, was bewiesen werden kann und was nicht. Bei ‚faith‘ auf der anderen Seite geht es zunächst um Einstellungen und Gefühle eines Menschen gegenüber anderen Menschen und dann auch gegenüber Informationen. Aber natürlich sind das Nuancen, denn ‚faith‘ hat auch ein paar Bedeutungsanteile von ‚belief‘ und umgekehrt, und die beiden Wörter sind heute zu einem großen Teil deckungsgleich. Überlegen Sie doch jetzt einfach mal weiter, ob wir den deutschen Begriff ‚Glaube‘ tatsächlich in allen diesen Beziehungen verwenden.“

Ich lasse jetzt einfach die vier Studierenden in ihrem Seminar weiter arbeiten und überlege, wie mir diese Unterschiede zwischen den Sprachen beim Nachdenken über die Jahreslosung helfen können. In der deutschen Sprache habe ich nur das eine Wort „Glaube", aber die Untersuchung der englischen Entsprechungen zeigt mir, dass darin Kopfprozesse genauso wie Herzenssachen enthalten sind.

Wenn mir das nächste Mal etwas so Dünnes gesagt wird wie: „Glauben heißt: nicht wissen", dann werde ich mich daran erinnern, dass der Glaube von Christen nicht der hilflose Verzicht auf Information ist, sondern etwas mit aktivem Vertrauen zu tun hat. Der christliche Gebrauch dieses Wortes spielt nicht das Herz gegen den Kopf oder das Gefühl gegen den Verstand aus – im christlichen Glauben geht es um beides: um Vertrauen mit guter Begründung.

Der Vater soll einfach dem Rabbi aus Nazareth in die Augen schauen und es zumindest für möglich halten, dass dessen Worte wahr sind und dass der seinem Sohn helfen kann.

Genau dieses Vertrauen empfiehlt Jesus dem Vater des besessenen Jungen im Markus-Evangelium. Der soll nicht etwa seinen Verstand vergewaltigen oder sein Hirn ausschalten. Der soll nicht eine Art Blindheit gegenüber der Wirklichkeit entwickeln – z. B. gegenüber den offensichtlich vergeblichen Heilungsversuchen der Jünger –, der soll einfach dem Rabbi aus Nazareth in die Augen schauen und es zumindest für möglich halten, dass dessen Worte wahr sind und dass der seinem Sohn helfen kann. „Der christliche Glaube ist eine Beziehungsgeschichte", sagte mein Freund Johannes Hansen immer. Funktionierende Beziehungen kommen nicht ohne Verstand aus (denn reine Gefühlsduselei ist ein wackeliges Fundament), aber auch nicht ohne Herz (denn ständiger kritisch prüfender Abstand verhindert jede echte Begegnung).

Als der Vater antwortet: „Hilf meinem Unglauben", bittet er Jesus nicht etwa um intellektuelle Nachhilfe oder darum, ein paar mehr Glaubenssätze rezitieren zu können. Nach einer intensiven Diskussion mit hochgebildeten religiösen Spezialisten ringt er mit Herz und Verstand um das, was in dem englischen „faith" mitschwingt: dass seine Beziehung zu diesem Wanderprediger intensiver wird und sein Vertrauen in dessen Fähigkeiten noch weiter wächst. Er wünscht sich von Jesus: „Mach meinen Blick weiter und mach mein Herz größer, damit ich dir noch besser vertrauen kann."

Das ist eine gute Nachricht für alle, die meinen, keinen großen Glauben zu haben. Der Glaube ist keine Leistung, die wir erst erbringen müssen, bevor Gott uns leiden kann. Oder auf die wir dann sogar noch stolz sein können. Ein anderer meiner Freunde, der englische Schauspieler Nigel Goodwin, sagt immer, wenn er von den Anfängen seines Christseins spricht: „Damals in meiner Zeit auf der Theaterakademie, als der Glaube zu mir kam ..." Der Glaube an Jesus Christus ist letztendlich ein Geschenk von Gott selbst, das wir uns nicht verdienen und das wir nicht erzwingen können. Dieses Geschenk kommt auf uns zu – seit 2000 Jahren. Aber wenn es auf uns zukommt, dann sollten wir es auch annehmen und uns mit Herz und Verstand auf den Weg machen.

Dr. Manfred Siebald ist Professor für Literaturwissenschaft an der Johannes-Gutenberg-Universität in Mainz und Liedermacher.

Reinhard Steeger

Und wenn es Gott nicht gibt?

Eigentlich ging bei mir immer alles glatt. Ich lernte schon als Kind Jesus kennen und lieben, die Bibel als Wort Gottes zu lesen und mich irgendwie in Gemeinde einzubringen. Ich habe das nicht einfach von meinen gläubigen Eltern übernommen, sondern mir Stück für Stück angeeignet und mich dafür entschieden. Ja, ich hatte mich für Jesus entschieden; am 20. Februar 1982 bin ich Christ geworden, als ich bei einer Evangelisation Jesus die Herrschaft in meinem Leben übergeben hatte.

Und dann machte ich mit, ich engagierte mich im EC Jugendkreis und brachte mich ein, wo ich konnte. Irgendwann hatte ich den Eindruck, ich sollte ganz, also vollzeitlich, wie das genannt wurde, Jesus zur Verfügung stehen. Was habe ich gerungen und gebetet, gefragt, geredet und gehorcht: „Bin ich berufen? Bilde ich mir etwas ein? Darf ich das? Oder bin ich zu unbegabt, zu schlecht, zu fehlerhaft? Kann ich das überhaupt?" Fragen über Fragen und gespannte Ungewissheit, viele Gebete und Gespräche mit Freunden und Pastoren, aber langsam wurde es für mich immer klarer und irgendwann war die innere Gewissheit da: „Geh den Weg, Jesus will das!" So weit, so gut, so einfach, so stellte ich mir das vor, das Leben mit Jesus. Eben beten, Bibel lesen und mit anderen reden und es läuft.

Ja, es lief bis ungefähr zur Mitte des Studiums am Theologischen Seminar. Auf einmal war mir nichts mehr klar. Alles, was vorher so einfach, so logisch und natürlich war, war weg, aufgelöst wie Morgennebel von der Mittagssonne. Alles war weg, nicht nur die Berufung, sondern der Glaube, die innere Gewissheit, dass das, was ich in der Bibel las, stimmte. Jesus löste sich plötzlich in eine blasse Kindheitserinnerung auf. Ein plötzlicher Todesfall war irgendwie der Auslöser und von heute auf morgen drehte sich meine Welt nur noch um die Frage: Gibt es Gott oder gibt es ihn nicht?

Nein, es war nicht die Theologie oder falsche Bibelauslegung. Es war ganz existenziell: Stimmt das alles, worauf ich mich bis hierher verlassen hatte? Was ist, wenn es Gott nicht gibt? Wenn alles nur ein schönes Gedankengebäude und der Wunsch der Vater des Gedankens war? Die Ratschläge in so einer Zeit sind ja meist brillant, logisch, liebevoll und immer nur „einfach". „Du musst einfach glauben", sagte mir einer. Der konnte das, welch ein Wunder, er war ja Theologiestudent an einem Theologischen Seminar, sogar mit Bibelstelle belegen. Hebräer 11,6: „Aber ohne Glauben ist's unmöglich, Gott zu gefallen; denn wer zu Gott kommen will, der muss glauben, dass er ist …" Oh, wie hilfreich! Genau das war ja mein Problem, ich konnte es nicht. Ich habe trotzdem in der Bibel gelesen, aber das war plötzlich nur noch Text, einfacher, normaler Text, Buchstaben und Satzzeichen, die ich grammatisch wohl sezieren konnte, aber sie sagten mir, meinem Herzen nichts mehr. Ich hätte auch Karl May lesen können. An Beten war nicht mehr zu denken. Immer wenn ich mich hinsetzte und irgendwie mit Beten beginnen wollte, dachte ich: „Das geht ja gar nicht. Du machst dir was vor. Mit wem willst du denn reden, da oben ist niemand zu Hause, da ist alles leer." Ich habe Gottesdienste besucht und Menschen beobachtet. Ich dachte, irgendwas müssen die doch anders machen als ich, aber was war der Unterschied? Oder waren das alle nur Heuchler, hatten die das gleiche Problem wie ich und spielten auch nur „ihre Rolle“ in einem frommen Theater? Am schlimmsten war das Gefühl, der Dumme zu sein, der, der's wieder nicht richtig kapiert hat, der's einfach nicht bringt.

Was ist, wenn es Gott nicht gibt? Wenn alles nur ein schönes Gedankengebäude und der Wunsch der Vater des Gedankens war?

Irgendwie landete ich in dieser Zeit bei der Philosophie. Einfach glauben, etwas einfach „für wahr halten“, wollte ich nicht mehr. Ich wollte denken, logische Schlüsse ziehen und Argumente sammeln und verwerfen, Thesen aufstellen und beweisen können. Das mit Gott musste doch irgendwie denkbar sein. Und wenn nicht, dann gab es wenigstens eine klare Antwort, einen logischen Beweis: Gott gibt es nicht. Und dann habe ich Feuerbach verschlungen und fand ihn logisch und konsequent. Komisch, denn in der Berufsausbildung im Fach „Marxistisch-Leninistische Philosophie“ hatte ich mich noch lustig gemacht „über so viel an Haaren herbeigezogenes Zeug“. Auf einmal war das schlüssig und erklärte mir die Welt. Ich war begeistert, denn ich hatte ja nun die Antwort, nach der ich gesucht hatte: Gott, der Glaube, Jesus – das alles ist nur mein an den Himmel projizierter Wunsch. So „gestärkt“ begann ich zu diskutieren und zu debattieren. Ich wollte mich im Argumentieren beweisen und andere überzeugen. Ich hatte Freude daran, eine Diskussion vom Zaun zu brechen, andere argumentativ in die Ecke zu treiben und am Ende als Sieger „vom Platz zu gehen“.

Aber die innere Leere blieb und wurde größer. Denn mit meinen neuen „Erkenntnissen“ wuchs nicht die Freude, sondern die Lethargie und die Angst: „Soll es das gewesen sein? Was mach ich denn jetzt? Prediger sollte ich vielleicht nicht werden, ich kann das doch gar nicht (mehr). Was sollte ich denn den Leuten noch sagen?“ Und mit der Leere wuchs auch die Einsamkeit, denn irgendwann hatten die anderen dann auch die Nase voll. Einmal diskutiert man schon mit, aber jeden Mittag, bei jedem Essen?

Was so toll und so glatt, so bilderbuchmäßig im Glauben begonnen hat, war zu Ende, noch bevor es richtig begonnen hatte. Und dann habe ich zu Gott geschrien. Ich habe gebetet, dass er antwortet, sich bemerkbar macht, ein Zeichen sendet. Aber das Zeichen blieb aus. Es kam kein Regenbogen, nicht mal ein bisschen Regen, um den ich als Zeichen betete, fiel in dieser Nacht, und Jesus erschien mir auch nicht im Traum – sondern am Kaffeeautomaten. Einer meiner Kommilitonen kam auf mich zu und mit mir ins Gespräch. Ob ich Interesse hätte, mit ihm und noch zwei anderen ein Buch zu lesen. Jeder würde allein ein bis zwei Kapitel lesen und dann würden wir darüber reden. Da mir das Buch bekannt war, ich den Autor schätze, willigte ich ein. Und so lasen wir Klaus Bockmühl, „Hören auf den Gott, der redet“. Nein, nicht das Buch hat mir geholfen oder vielleicht doch auch. Geholfen hat mir das Angenommensein. Ich war nicht mehr allein mit meinen Zweifeln und Fragen. Und die Fragen gingen nicht mehr ins Leere, sondern zu den Brüdern, und die waren weder entrüstet noch ängstlich, sie hatten nicht einmal Antworten. Aber sie konnten das, was ich nicht mehr konnte: beten. Sie haben für mich gebetet.

Und da bin ich dann ganz klein geworden. Denn wenn man selbst das Gebetsanliegen und auch noch während des Gebets anwesend ist, wird man schon sehr klein. Aber das war wichtig und irgendwie der erste Schritt in ein neues Leben und in einen neuen Glauben.

Und dann ging es Schritt für Schritt. Es waren kleine Schritte, manchmal kaum merkbar. Schritte auf Jesus zu und Schritte mit Jesus. Es waren Menschen, die mir dabei halfen. Ich musste mich, um wieder zu Jesus und zum Glauben zu finden, auf Menschen einlassen. Aber es gab sie: Menschen, die nachgedacht haben, die ihren Verstand nicht an der Garderobe abgegeben hatten, als sie Christen geworden sind, sondern die sich zu Gott hindurchgedacht hatten. Ich verschlang ihre Bücher, Bücher von denen ich, obwohl ich in einer christlichen Gemeinde aufgewachsen war, vorher nie gehört hatte. C. S. Lewis, „Pardon ich bin Christ", oder „Gott ist keine Illusion" von Francis Schaeffer. Und diese Menschen und ihre Bücher retteten mir den Glauben. Die beiden Bücher waren und sind meine Gebetserhörung. Was ich bis dahin nie zu denken gewagt hatte, las ich dort. Man kann, wenn man denkend diese Welt betrachtet, die Gott gemacht hat, dem Schöpfer und auch dem Erlöser auf die Spur kommen. Denn glauben wollte ich, und jetzt erhielt ich auch die Argumente, die Anhaltspunkte, die mir beim Entdecken halfen. Und dieses Entdecken legte Erinnerungen frei. Erinnerungen, die mich tief erschütterten, aber die mir einen Schatz öffneten, den ich zu lange verloren glaubte.

Erinnerungen an den Beginn meines Glaubens. Meinen Glauben geerbt, ja wirklich geerbt, hatte ich von meiner Großmutter. Irgendwie hatte mir diese Frau das Vertrauen auf Jesus so einfach, nachvollziehbar und fröhlich vorgelebt, dass ich immer genau wusste, das ist Glauben – mit Jesus leben. Immer wenn ich an sie denke, dann kommt mir meine letzte Begegnung mit ihr vor Augen. Kurz vor ihrem Tod, sie hatte Krebs und wurde von meinen Eltern bei uns zu Hause gepflegt, rief sie meinen älteren Bruder und mich zu sich. Ich kann mich nicht an alle Einzelheiten erinnern, nur daran, dass sie uns mit Tränen in den Augen mehrmals einen Satz gesagt hatte, immer und immer wieder: „Bleibt doch beim Herrn Jesus." Das war das Fazit ihres Lebens, das war das, was sie ihren Enkeln mitgeben wollte: Bei Jesus bleiben.

Bei Jesus bleiben war genau das, was ich neu entdeckte; bei Jesus bleiben, das ist immer wieder Entscheidung. Ich bleibe bei ihm, ich gehe nicht weg. Argumente, Gedanken und Antworten auf Fragen können mich am Ende nur zu diesem einen Punkt bringen, mich (wieder) für das Bleiben bei ihm zu entscheiden. Immer wieder neu bei ihm festmachen. Ich weiß, das klingt so simpel, viel zu simpel. Aber eigentlich ist es das ja auch. Ich entscheide mich und aus dieser Entscheidung wachsen Erfahrungen und aus den Erfahrungen Gewissheit. Und die gibt ein gutes Fundament, Leben zu gestalten.

Reinhard Steeger, Leipzig, ist Gemeinschaftspastor und Vorsitzender des Sächsischen Gemeinschaftsverbandes

Franziska Stocker-Schwarz

Ein starker Gebetsruf

„Ich glaube; hilf meinem Unglauben!“ ist ein Gebetsruf, der mir wohl vertraut ist. Gerade in einer Situation der großen Tiefe hilft dieser Satz des Vaters sehr, dessen Kind unter einer unheimlichen Krankheit litt. Der kleine Junge war so schwer erkrankt, dass seine Entwicklung gefährdet war. Sein Sprachvermögen war blockiert. Sein seelisches Empfinden konnte sich nicht ausbilden. Nach und nach war der kleine Junge für nichts mehr ansprechbar. Das Krankheitsbild kennt man heutzutage von epileptischen Anfällen her.

Diese Krankheit gefährdete sein Leben. Die Krampfanfälle, der Schaum vor dem Mund … die Anfälle waren unheimlich und angsterregend. So wie damals Haus und Hof gebaut waren, lauerten überall Gefahren. Die offenen Feuerstellen im Haus oder im Hof waren keineswegs TÜV-geprüft. Es gab keine Kindersicherungen. Der Brunnen war tief. Überall konnte er hineinstürzen. Heute gibt es für Menschen mit derartigen Erkrankungen eine Vielzahl von Hilfen.

Unglück kommt selten allein

Aber dass Erkrankungen eine Kette von Nöten nach sich ziehen, ist heute wie damals erfahrbar.
Behandlungen, denen man sich unterziehen muss, sind unangenehm und haben Nebenwirkungen. Das ist oft strapazierend und zermürbend. Alle gute Versorgung in unseren Krankenhäusern kann den Patienten das nicht ersparen.

Krankheit geht oft auch einher mit großer Einsamkeit. Wie einsam kann man im Krankenzimmer sein, selbst wenn man mitten im hektischen Betrieb eines Krankenhauses in seinem Bett liegt. Für gute Worte ist oft wenig Zeit.

Lange Krankheitszeiten haben nicht selten auch eine Verschlechterung der Arbeitssituation zur Folge. Manche verlieren sogar ihren Arbeitsplatz.

Das Krankenhaus zu verlassen, ist eine unvergessliche Erfahrung. Am Entlassungstag fühlt man sich regelrecht befreit. So lange war man im sterilen Zimmer und in den weißen Wänden wie gefangen. Man sieht wieder bunte Farben. Man kann frische Luft atmen.

Aber auch zu Hause ist es meistens nicht einfach, mit einem Langzeitkranken umzugehen. Die Familienmitglieder müssen sich neu finden. Mann und Frau und Kind müssen sich neu aufeinander einstellen. Es ist ein mühsamer Weg.

Jesus hat die Vollmacht, aus diesem schweren Tal herauszuhelfen

Doch genau hier will uns der Gebetsruf Mut machen. Daher wird vom Evangelisten Markus diese Geschichte, in der so viel Unglück zusammenkommt, sehr ausführlich festgehalten. Es wird deutlich herausgearbeitet, dass weder der von Krankheit Betroffene noch sein Vater etwas dafür können, dass dieses Unglück über sie hereingebrochen ist.

Der Vater wird zum Lehrmeister des Notrufs.

Er kam zu Jesus so, wie er war. Erst hatte er sich voller Hoffnung an die Jünger gewandt. Denn diese repräsentierten für ihn Jesus selbst. Aber da wurde er enttäuscht. Denn die Jünger konnten ihm nicht helfen. Das gibt es ebenfalls heutzutage noch genauso. Wie oft sind Menschen enttäuscht von Jesusleuten! Wie viele Leute sind von anderen Christen in der eigenen Gemeinschaft enttäuscht! Wie viele Gläubige vom Pfarrer oder der Pfarrerin! Gottes Bodenpersonal vertritt Jesus auch heute nicht immer gut.

Franziska Stocker-Schwarz ist Leiterin des Stuttgarter Bibelhauses und Mitglied der Württembergischen Landessynode

GERDI STOLL

„Wer glaubt, wird selig"

Wie gut kann ich mich daran erinnern, als wir uns zum ersten Mal begegnet sind. Es war der Tag, an dem mein damaliger Freund mich seinen Eltern vorstellte. Fröhlich und unkompliziert saßen wir am Tisch und genossen den leckeren Hefezopf meiner zukünftigen Schwiegermutter.

Der Vater meines Freundes schaute mich genau an. Er war ein echter Schwabe aus Stuttgart und ich eine gebürtige Thüringerin. In seinen Augen und seiner Mundpartie lag etwas Verschmitztes. Immer wieder meldete sich auch sein Humor.

So machte er sich auch jetzt so seine Gedanken. „Sag mal, Gerdi, verstehst du eigentlich Schwäbisch?" Damit hat er seiner Sorge Luft gemacht. Ich schmunzelte, denn genau dieser wunderbare Dialekt hat mich beim Kennenlernen meines Freundes neben vielem anderen angezogen. Das Schwäbische hat so etwas Heimeliges und Liebenswertes. Ja, ich verstand schon so manche schwäbischen Vokabeln. Aber dass z. B. ein Dachboden als „Bühne“ und eine Zudecke als „Teppich“ bezeichnet wird, das hat mich schon überrascht. Die Endsilben „le“ klingen bei mir bis heute „neigschmeckt“, das heißt, ich bin als Zugezogene erkennbar. Und das trage ich mit Würde. Mein Schwiegervater gab damals seiner Zuneigung mir gegenüber Ausdruck, indem er mir ein kleines schwäbisches Wörterbuch schenkte und mich einige Zeit später einer kleinen Prüfung, dem „Schwabikum“, unterzog. Ich habe es tatsächlich mit Erfolg bestanden.

Rückblickend fallen mir manche Situationen ein, wo ich ihn immer wieder in besonderer Weise erlebt habe: Eis essen in der großen Familienrunde war für ihn immer ein Fest. Seine leuchtenden Augen waren nicht zu überbieten. In seiner Kellerwerkstatt hat er viel repariert, war aber auch immer wieder künstlerisch tätig. Wir waren zu zweit und später als Familie immer herzlich willkommen. Als unsere Kinder geboren wurden, war es ihm wichtig, mit der frisch gebackenen Oma so schnell wie möglich das neue Enkelkind zu bestaunen. Und wie stolz war er, als er den Kinderwagen allein steuern durfte. Hielt er ein schreiendes Enkelbaby an seine Brust, wurde es sofort ruhig. Er strahlte so viel Wärme aus.

Dieser ganz besondere Mann hatte keine leichte Kindheit. Im Alter von zwei Jahren erlebte er die Trennung seiner Eltern. Er lernte in der darauffolgenden Zeit mehrere Kinderheime kennen. Als junger Soldat im 2. Weltkrieg ist er mit Erlebnissen und Bildern konfrontiert worden, über die er nie sprechen konnte. Kindheits- und Kriegserfahrungen waren der Nährboden für Gefühle des Misstrauens. Doch er verliebte sich in eine wunderbare Frau, die Christin war. Mit ihr gründete er seine Familie. Auf die war er stolz. Doch nach außen hin suchte er eher weniger Kontakt zur Kirche. Seine Vergangenheit hat ihn geprägt. Vertrauen war nur ein ganz kleines Pflänzchen. Er hatte immer wieder das Bedürfnis, sich abzusichern.

Der christliche Glaube erschien ihm eher suspekt. Einen Gott, den man nicht anfassen und sehen kann, den man nicht beweisen kann – wie soll man da eine Beziehung eingehen? Wie gut, dass unser Gott einfühlend ist und hinter die Kulissen schauen kann. Wo wir einen Menschen für einen hoffnungslosen Fall halten, kann bei ihm schon behutsam eine stille Entwicklung vor sich gehen. Als mein Mann damals seinem Vater eröffnete, dass er Theologie studieren möchte, bekam er als Antwort: „Sohn, das ist eine brotlose Kunst. Da hast du meine Unterstützung nicht." In diesem Spannungsfeld waren wir zu Hause, wenn wir die Schwiegereltern besuchten. Über all die Jahre war es uns wichtig, Vater unsere Liebe und Wertschätzung zu zeigen. Was das Thema „Glaube" betrifft, waren wir zurückhaltend und wollten ihn in keiner Weise unter Druck setzen. Wir konnten beobachten, wie er doch nachfragte, was das Theologiestudium und später die Arbeit im kirchlichen Bereich betraf. Wenn er uns besuchte, nahm er auch an Veranstaltungen teil. Wir

Wo wir einen Menschen für einen hoffnungslosen Fall halten, kann bei ihm schon behutsam eine stille Entwicklung vor sich gehen.

beteten über all die Jahre für ihn. Beim Tischgebet war er mit dabei und wehrte sich nicht. Glaube ist ein Himmelsgeschenk und kann nicht von Menschen erzwungen werden. Gott kann jedoch unsere Vorstellungen, wie ein Mensch Zugang zum Glauben bekommt, gewaltig durchkreuzen. Ich habe schon mehrfach beobachten können, dass Männer auf Grund ihrer Lebensgeschichte sich eher schwertun, sich nach außen hin zum Christsein zu bekennen.

Im Alter erkrankte Vater an Alzheimer. Harte Jahre standen meiner Schwiegermutter in der Pflege bevor. Sie wollte ganz für ihn da sein. Als die Erkrankung immer schlimmer wurde, nahm sie Hilfe in Anspruch, um sich körperlich und seelisch zu entlasten. Wie oft hat sie gesagt: „Wenn ich abends nicht die Losung und meine Bibel lesen könnte, ich wüsste nicht, woher ich neue Kraft bekommen soll." Wir haben Papa lieb. Es schmerzt uns ungeheuer, dass er diese grausame Erkrankung durchleiden muss. Unser größter Wunsch ist es, ihn einmal nach seinem Tod im Himmel wiederzusehen. Ob unsere Gebete und die Begleitung seiner gläubigen Frau über all die Jahre den Boden in ihm gelockert haben?

Zu Beginn der Alzheimererkrankung, als Vater noch klar denken konnte, fasste ich den Entschluss, mit ihm zu sprechen. Bei einem unserer darauffolgenden Besuche hatte ich den Eindruck, der richtige Zeitpunkt sei gekommen. Ich stellte ihm die Frage: „Papa, weißt du, dass Jesus dich sehr lieb hat?" Er schaute mich an und nickte. „Papa, weißt du, dass Jesus für alles, was in deinem Leben schwer war oder wo du vielleicht auch schuldig geworden bist, am Kreuz gestorben ist?" Er nickte wieder. „Papa, weißt du, dass Jesus auferstanden ist, damit, wer an ihn glaubt, bei ihm im Himmel sein kann?" „Papa, kannst du das mit deinem Herzen glauben?" Er schaute mich an und sagte: „Ja." Ich musste ihn fest drücken. Wie gut, dass allein Gott mit seiner ganzen Liebe und Barmherzigkeit vermag, unser Herz zu berühren.

Gerdi Stoll, Mötzingen, ist Pädagogin, Pfarrfrau und Referentin.

Michael Stollwerk

Meditation: 7 Dreiklänge zur Jahreslosung

Mein Glaube sagt:
Ich will den Wunsch meiner Nachbarin erfüllen. Ich werde für sie beten. Aus medizinischer Perspektive gibt es zwar keine Aussicht auf Genesung, doch ich will Christus zutrauen, dass er ein Wunder an ihr tut. Schließlich ist ER unser Heiland.
Mein Unglaube entgegnet:
Da ist doch Hopfen und Malz verloren! Du handelst unverantwortlich, wenn du trügerische Hoffnungen in einem Menschen wachrufst. Versündige dich nicht durch dein Gebet. Ermutige sie lieber, sich in ihr Schicksal zu fügen.
Der Herr aber spricht:
„Ist jemand unter euch krank, der rufe zu sich die Ältesten

der Gemeinde, dass sie über ihm beten. Und das Gebet des Glaubens wird dem Kranken helfen und ich werde ihn aufrichten."

Mein Glaube sagt:
Ich will mich mit meinem Vater versöhnen. Er hat mich sehr verletzt. Es tut mir nach wie vor weh. Aber, wer weiß, vielleicht leidet er unter unserem zerrütteten Verhältnis ja genauso wie ich. Und wenn ich ehrlich bin: Er hat es auch nicht immer leicht mit mir gehabt.
Mein Unglaube entgegnet:
Das glaubst du doch wohl selber nicht! Wenn deinem Vater etwas an dir läge, hätte er sich in der Vergangenheit anders verhalten müssen. Er hat es nicht anders verdient. Er soll ruhig spüren, was er dir angetan hat.
Der Herr aber spricht:
„Seid barmherzig, wie euer Vater im Himmel barmherzig ist. Sprecht über niemand endgültige Urteile, so wird euch dies auch nicht widerfahren. Vergebt und es wird euch vergeben."

Mein Glaube sagt:
Das Elend der Menschen in Afrika berührt mich. Es ist nicht recht, dass wir auf ihre Kosten leben. Ich will mich nicht vom Leid der Welt abschotten, auch wenn es mich oft mit meiner Ohnmacht konfrontiert. Zumindest meine Stimme kann ich für sie erheben.
Mein Unglaube entgegnet:
Ich versteh' dich ja! Aber merkst du nicht, dass du dich seelisch überforderst? Überlass die Bühne der Politik doch de-

nen, die dazu berufen und gewählt sind. Außerdem sind die globalen Zusammenhänge viel zu kompliziert, als dass ein Einzelner sie verstehen oder irgendetwas daran ändern könnte.
Der Herr aber spricht:
„Wahrlich, ich sage euch, was ihr getan habt für einen meiner geringsten Brüder, das habt ihr mir getan. Und was ihr den Hungrigen, den Durstigen, den Fremden und Verfolgten verwehrt habt, das habt ihr mir verwehrt."

Mein Glaube sagt:
Ich wünsche mir, dass Menschen in meinem Umfeld zu Christus finden. Teilweise kenne ich sie schon seit ewigen Zeiten. Sie mögen mich, sie schätzen mich. Da wird es doch ein Leichtes sein, mit ihnen über den Glauben ins Gespräch zu kommen oder sie wenigstens einmal in den Gottesdienst einzuladen.
Mein Unglaube entgegnet:
Du, Glaubensfragen interessieren deine Nachbarn und Arbeitskollegen nicht. Du kriegst doch mit, worüber sie sich im Alltag unterhalten: ihren nächsten Urlaub, ihre Hobbys, die Kinder.
Warte lieber, bis sie dich einmal von selbst daraufhin ansprechen. Ansonsten riskierst du dein gutes Verhältnis zu ihnen. Und das wäre doch schade.
Der Herr aber spricht:
„Ihr seid das Salz der Erde! Ihr seid das Licht der Welt! – Man zündet doch kein Licht an, um es dann mit einem Gefäß zu bedecken. Nein, man stellt es auf einen Leuchter, damit es den ganzen Raum erhellt. So lasst das Licht des

Evangeliums unter euch leuchten. Wie mich der Vater gesandt hat, so sende ich euch!“

Mein Glaube sagt:
Es ist wichtig, sich Zeit zu nehmen für die Stille, für das Lesen der Bibel und zum Gespräch mit Gott. Nichts vermag dieses Innehalten zu ersetzen, denn nur die Stille erinnert mich an das Wesentliche. Hier kann ich abladen, was mich belastet, und aufnehmen, was mir Kraft verleiht.
Mein Unglaube entgegnet:
Grundsätzlich stimme ich dir zu. Aber angesichts des vollen Terminkalenders heute und morgen wäre es töricht, mit dem Tageswerk noch später zu beginnen. Stille braucht Muße und unter Druck kommt niemand zur Ruhe. Wer weiß, vielleicht ergeben sich ja in der kommenden Woche Freiräume zur Andacht.
Der Herr aber spricht:
„Schau dir die Vögel unter dem Himmel an. Sie säen nicht, sie ernten nicht, sie legen noch nicht einmal Vorräte an, und ich ernähre sie doch. Darum trachte vor allem nach meinem Reich und seiner Gerechtigkeit und alles andere wird dir zufallen.“

Mein Glaube sagt:
Christus ist auferstanden! Unser irdisches Dasein ist eigentlich nur so etwas wie ein Aperitif für das, was noch kommt. Darum muss ich nicht alles erleben, alles auskosten, alles wahrnehmen, was sich mir an Chancen und Möglichkeiten bietet. Ich kann mich stattdessen dem Willen Gottes hingeben und tun, was er sagt.

Mein Unglaube entgegnet:
Und was ist, wenn der Tod doch das letzte Wort hat? Dann bist du einer Illusion nachgejagt und hast dein Leben verschwendet. Denk dran: Der Weg ist das Ziel! Behalt das im Auge. Dann hast du im Nachhinein nichts zu bereuen.
Der Herr aber spricht:
„Wer sein Leben erhalten wird, der wird es verlieren. Wer aber sein Leben verliert um meinetwillen, der wird's finden. Denn was hülfe es dem Menschen, wenn er die ganze Welt gewönne und nähme doch Schaden an seiner Seele."

Mein Glaube sagt:
Ich möchte ehrlich mit mir sein. Ich möchte zu meinen Zweifeln genauso stehen können wie zu meinen Sehnsüchten und Hoffnungen. Gott hält es doch aus, wenn ich nicht immer von Gewissheit erfüllt bin, sondern die Anfechtung an mir nagt. Warum sollte ich ihm und mir etwas vormachen?
Mein Unglaube entgegnet:
Alles schön und gut, aber denke dran: Der Zweifel entzweit. Du bist nicht mehr eins mit dir selbst. Das raubt dir deine Kraft, Deine Ausstrahlung und deine Vollmacht. Gott kann nicht mehr durch dich wirken, wenn du den Vorbehalten in dir Raum gibst.
Der Herr aber spricht:
„Glaube mir: Selbst wenn dein Glaube nur so winzig ist wie ein Senfkorn, so reicht es doch aus, um in meinem Namen Berge zu versetzen und die Macht des Bösen zu überwinden."

Danke, guter Gott, ich beginne zu spüren, was mir hilft!

Biblische Bezüge:
a) Jakobus 5,14f; b) Lukas 6,36f; c) Matthäus 25,40ff; d) Matthäus 5,13ff; Johannes 20,21; e) Matthäus 6,26ff; f) Matthäus 16,25f; g) Matthäus 17,20

Dr. Michael Stollwerk ist Theologe und systemischer Berater. Er lebt seit 2017 als Pfarrer für Gemeindeentwicklung und innovative Projekte in Stäfa/Schweiz.

Silke Traub

Glaube meines Lebens

Soweit ich in meinem Leben zurückdenken kann – der Glaube spielte immer eine Rolle. Wenn auch eine sehr unterschiedliche:

Am Anfang war der Kinderglaube ...

Eigentlich war es mehr ein „Familienglaube“: Großeltern, Eltern, Tanten, Onkel – wen ich kannte und wer mir wichtig war, traf sich jeden Sonntag sowohl im Gottesdienst als auch in der Gemeinschaftsstunde. Wir waren das, was man heute als „evangelikale Familie“ bezeichnen würde. Schon der Bruder meiner Oma war China-Missionar; das verband für mich Glaube mit Abenteuer, mit Reisen, mit Weltentdeckung, mit großen Erwartungen. Glaube war für mich positiv besetzt. Die gesamte Kinderzeit. Deshalb waren auch die typischen Angebote für Kinder für mich kein zwanghaftes Muss. Sie waren Abwechslung, Bereicherung, erster Lebensrhythmus.

Das blieb aber nicht so.

In der Teeniezeit wurde für mich die Vorstellung davon, was Glaube eigentlich ist, differenzierter:

Ich kannte die biblischen Erzählungen und Personen. Ich wusste bestens über die Grundlagen des Glaubens Bescheid. Genauso wie ich rechnen, lesen, schreiben gelernt hatte. Der Konfirmandenunterricht vervollständigte mein Glaubenswissen.

Zugleich aber erlebte ich, wie sich sehr schnell nach der Konfirmandenzeit die Gruppe der Teenies auflöste und sich im viel weiteren Spektrum gesellschaftlicher Angebote verstreute. Mir dämmerte, dass es so etwas wie einen „von selbst" mitwachsenden Glauben wohl nicht gibt …

Bei dir, Jesus, will ich bleiben

Die Zeit der Entscheidung war für mich gekommen. Einerseits lockte mich die von mir beobachtete Vielfalt der Lebensstile. Meine größte Angst war, ich könnte in meinem „Milieu" das richtige Leben verpassen! Andererseits kannte ich so viele interessante, junge Leute mit einer eigenständigen, selbstverständlichen und persönlichen Glaubensbeziehung, die ich nicht besaß. Ich wusste aber, wie ich sie bekommen könnte. Sie stand mir offen – nur ein Gebet weit entfernt! Nur die Einladung aussprechen: „Jesus Christus, komm du in mein Leben – ich will dir gehören!"

Sollte ich das tun? Wollte ich das überhaupt noch? Die Skepsis gegen den christlichen Glauben, gegen die biblischen Grundlagen, gegen die Christen im Allgemeinen und gegen die eigene Familie im Besonderen wuchs von Monat zu Monat und wurde fast schon zur Blockade – bis zu jener Silvesterfreizeit in meinem 17. Lebensjahr. Sie wurde für mich zur Zerreißprobe.

Gefühlt nahm ich lauter junge, dynamische, fröhliche Christen um mich herum wahr – außer mir. Ich selber hatte keinen „persönlichen Glauben", nur eine Glaubenstradition, die mich zunehmend langweilte. Sollte ich den „Sprung" wagen? Eine ernst gemeinte Einladung an einen nicht sicht- und spürbaren „Jesus Christus" aussprechen, in mein Leben hineinzukommen? War das nicht lächerlich? In mir „wusste" ich auf eine eigenartige Weise: wenn nicht jetzt, dann womöglich nie mehr …

Gleichzeitig mit diesem „gefühlten Glück" erfüllte mich eine tiefe Gewissheit, die mich, im Unterschied zu dem gefühlten Glück, bis heute nie mehr verlassen hat. Die Gewissheit: Jesus ist der Herr und ich gehöre zu ihm, für immer!

Ich bin diesen innersten Schritt gegangen. Ich habe mein Leben dem einzigartigen, auferstandenen Jesus Christus geöffnet – und war gespannt, was jetzt passieren würde.

Es passierte nichts. Zunächst. Ich hielt aber fest an diesem begonnenen Dialog und habe ihm wiederholt gesagt: Ich geb' dir mein Leben!

Vielleicht zwei oder drei Wochen später – es war mitten in einem Gottesdienst: Eine Freude überfiel mich derart, dass ich dachte, ich müsste zerspringen. So etwas habe ich seither nie mehr erlebt, nicht einmal, als ich mich verliebte. Das kam aus einer anderen Dimension. Gleichzeitig mit diesem „gefühlten Glück" erfüllte mich eine tiefe Gewissheit, die mich, im Unterschied zu dem gefühlten Glück, bis heute nie mehr verlassen hat. Die Gewissheit: Jesus ist der Herr und ich gehöre zu ihm, für immer!

Von da ab bekam mein Leben seine Ausrichtung.

Dass ich Lehrerin werden wollte – diesen Berufswunsch habe ich aus meiner Grundschulzeit mitgebracht. Die Theologie sollte nun meine fachspezifische Richtung werden.

Wenig später lernte ich auch schon meinen „Mann fürs Leben" kennen. Er war als hauptamtlicher Verkündiger in der Jugendarbeit mit großem Engagement und viel Leidenschaft für die missionarische Verkündigung unterwegs. Seine Berufung habe ich auch als meine verstanden und angenommen und von da an nach dem Grundsatz „Berufung geht vor Beruf" meine späteren beruflichen Entscheidungen sortiert.

Glaubenskrise inbegriffen

Aber noch war ich im Studium. Das Theologiestudium in der „Nach-68er-Ära" war zwar hochinteressant, aber nicht sehr glaubensfördernd, was den persönlichen Glauben anbelangte; von wenigen Ausnahmen abgesehen. Ich fuhr zweigleisig in diesen Jahren:

Im Studium war ich Zeugin von großen Atheismus-Debatten mit klarer Präferenz für radikale Bibelkritik – Jesus reduziert auf den „Menschenbruder", der das Vorbild für eine revolutionäre Lebensweise abgeben durfte. Mehr war ihm nicht zugedacht.

Zu Hause aber, in unserem Berufungsumfeld, erlebte ich, wie Junge Erwachsene „zum Glauben kamen“ und bei vielen Gemeinschaftsunternehmungen und auf Freizeiten in eine persönliche Jesus-Beziehung hineinwuchsen. Sie fanden Jesus, fanden zu sich selbst und fanden Halt in ihrem Leben. Gott war gegenwärtig …

Dieser Spagat blieb nicht ohne Folgen für meinen Glauben. In mir hatte sich der Zweifel festgefressen: Darf „man“ sich „Gott“ so persönlich überhaupt denken? Ist das der *„Sache mit Gott“* angemessen? Wohl kaum – zu dieser Antwort tendierte ich.

Aber dann hat sich dieser innere Konflikt für mich in einer einzigen Begebenheit erledigt:

Mit mehreren Autos waren wir unterwegs zu einer Skifreizeit. Bei Nacht und Nebel hatte ich die anderen bei der Suche nach einem Zwischenquartier verloren. Richtung Brenner-Pass. Handys gab es noch nicht – heute schon fast unvorstellbar! Von vielen Fahrten vorher wusste ich: An der Raststätte, kurz vor der italienischen Grenze, haben wir immer haltgemacht. Da fuhr ich mit meiner Truppe hin, ganz sicher, dass mein Mann dorthin kommen würde. Wir warteten über eine Stunde – vergeblich. Dann entschied ich: „Wir fahren die Nacht durch bis zum Zielort.“

Ein letztes Mal stellte ich mich einige Minuten ganz vorn an die Einfahrt zum Rasthof. Und immer wieder hatte ich im Stillen gebetet: „Bitte, Herr, Du siehst uns – Du kannst meinen Mann hierher lenken!“

Während ich zu meinem Auto zurücklief, betete ich noch einmal für mich – fast wörtlich erinnere ich mich daran: „Gut, lieber Herr, dass Du mich so sitzen lässt, ist nicht schön. Den

Glauben an Dich gebe ich deswegen nicht auf! Aber dass Du Dich um ‚Kleinigkeiten' kümmerst – diesen Kinderglauben lege ich endgültig als Unsinn ab. Damit muss ich alleine klarkommen. Das war heute Deine Lektion für mich."

Wir stiegen ein, ich startete, legte den Rückwärtsgang ein. Exakt in dieser Sekunde fuhr ein Auto in den leeren Parkplatz neben mir. Es war mein Mann.

Fürs Leben hat es sich mir in dieser einzigen Sekunde eingeprägt:

Mein Gott und Herr kümmert sich sogar um meine „Kleinigkeiten". Dann bin ich bei IHM doch wohl auch in den besten Händen, wenn's um die großen Lebensfragen und Lebensschmerzen geht! Was für ein Glück!

Diesen Glauben lasse ich mir seither von nichts und niemand mehr nehmen.

Silke Traub, Kraichtal, ist Lehrerin, Buchautorin und Referentin auf Frauenfrühstückstreffen.

Ekkehard Vetter

Namenloser Sympathieträger

Es gibt Sympathieträger, auch in biblischen Texten. Von Kindheit an gab es biblische Personen, die ich einfach mochte. Abraham – ein toller Typ, irgendwie weise, trotzdem mutig und initiativ, manchmal radikal. Dass es da auch Schattenseiten gab, nahm ich kaum wahr. David – ebenso eine schillernde Figur. Wunderbare Geschichten, der Schwache gewinnt gegen den übermächtig Starken, David und Goliath haben es immerhin bis in heutige Sprachbilder hineingeschafft.

Auch im Neuen Testament gibt es solche Menschen, manchmal bleiben sie namenlos. Die Frau, die Jesus verschwenderisch salbte, der Samariter, dessen Handeln dafür sorgte, dass bis hin in die Neuzeit der Name seines Volkes mit dem Etikett opferbereiter Hilfsbereitschaft versehen wird.

Als ich älter wurde, gesellte sich zu diesen Sympathieträgern eine weitere namenlose Person aus einer neutestamentlichen Geschichte, ein Vater, der verzweifelt und hilflos seinen schwerkranken Sohn zu den Jüngern Jesu brachte, damit sie für ihn beten und ihn heilen. Es entstand ein großer Tumult unter der Volksmenge und der biblische Text resümiert lapidar die hier völlig am Boden liegende Heilungskompetenz der Jünger: „Sie konnten es nicht" (Markus 9,18).

Jesus kam hinzu, alle Augen richteten sich auf ihn, er kritisierte den Unglauben der Umstehenden und rief dem verzweifelten Vater den herausfordernden Satz zu: „Alle Dinge sind möglich dem, der da glaubt!" Und nun folgte der Ausruf, der diesen mental durchgeschüttelten Vater zu einem Sympathieträger für mich macht: *„Ich glaube; hilf meinem Unglauben!"*

Dieser Mann, der mit diesem knochenehrlichen Satz einen tiefen Blick in sein Herz zuließ, gewinnt meine Aufmerksamkeit, meine Solidarität, mein Mitgefühl, mein Verständnis. Warum? Weil ich diese tiefgehende Ambivalenz in mir auch nur zu gut kenne.

Ich denke an Gebete für und mit Kranken. Manchmal sind die Diagnosen erschütternd. Ich stehe, oft nicht allein, an Krankenbetten – und kenne diese innere Zerrissenheit nur zu gut. Ich glaube, ja, wir haben im eigenen Familienkontext beeindruckende Wunder Gottes nach Gebeten um Heilung erlebt. Und gleichzeitig ist da dieser nagende Gedanke: Was ist, wenn Gott nicht erhört?

Ich denke an das süße kleine Mädchen, eine Tochter von Freunden, die körperlich behindert und mit einem schweren Herzfehler geboren wurde. Wie viel wurde für dieses Mädchen gebetet! Ich werde die Nacht nie vergessen, in der ich auf die Intensivstation gerufen wurde und wir im Kreis von Freunden die Eltern begleiteten, als das Mädchen vor unseren Augen in den Armen seiner Mutter starb.

Das *„Ich glaube! Hilf meinem Unglauben!"* habe ich auch in anderen Zusammenhängen erlebt. Ich denke an Menschen, die ihr Leben phasenweise richtiggehend geschreddert hatten, und die durch Jesus zu neuem Leben fanden. Und, ehrlich in mich hineinhorchend, musste ich resümieren: Wenn es nach meinem Glauben gegangen wäre, wäre dies nicht passiert. Ich konnte mir diese oft sauluspaulusartigen Lebenswenden nicht vorstellen. „Ich glaube!", ja, irgendwie schon. Aber in diese theoretische Überzeugtheit, dass Gott alles zu tun vermag, mischt sich durch die Außenfassade verdeckter Unglaube. „Hilf meinem Unglauben!"

Dieser Gebetsschrei ist ein Plädoyer gegen formale, aufgesetzte und angelernte Frömmigkeit, gegen aalglatt abgespulte Gebete, die sich zwar schön anhören, aber nicht von Herzen kommen.

Ich denke an eine weitere meiner biblischen Sympathiegeschichten aus Apostelgeschichte 12. Petrus ist im Gefängnis und die Gemeinde startet ein 24/7-Gebet die ganze Nacht hindurch. Petrus wird auf wirklich wunderbare Weise befreit und geht zum Haus, wo die Gemeinde zum Gebet für seine Befreiung versammelt war und klopft an. Die Magd des Hauses geht zur Tür, hört die Stimme des Petrus, rennt voller Freude zurück und verkündet: Petrus steht vor der Tür! Und was tut die betende Gemeinde angesichts dieser unglaublichen Nachricht? Sie erklärt die Frau für verrückt: „Du bist von Sinnen!" Sie können sich nicht vorstellen, dass Gott ihr aktuelles Gebet, um dessentwillen sie den Nachtschlaf opfern, erhört!

Eine Geschichte mit hohem Identifikationsfaktor – für mich! Die Echtheit des Anliegens mag stimmen, aber mit dem Glauben ist es oft nicht so weit her. Ich kann die trotz ihres Gebets durch das wunderbare Handeln Gottes überraschte Gemeinde nur zu gut verstehen. „Ich glaube; hilf meinem Unglauben!"

Ich entdecke bei all diesen Überlegungen, dass große Dinge in der Heiligen Schrift eine große Verheißung haben, oft aber klein beginnen. Jesus vergleicht das Reich Gottes mit einem Senfkorn (Matthäus 13,31-32). Es ist superklein, aber es wächst daraus ein großer und kräftiger Baum, in dem die Vögel des Himmels Nester bauen.

Und ich beginne zu verstehen, dass das Spiegeln der eigenen vermeintlichen Glaubensstärke oder Glaubensschwachheit eine große Gefahr in sich birgt, nämlich die Fixierung auf die eigene Person und ihre innere Verfassung. Dabei sollte der Fokus vielmehr auf einen großen Gott gerichtet sein, der über mein Bitten und Verstehen hinaus zu tun vermag.

Dieser Gebetsschrei ist ein Plädoyer gegen formale, aufgesetzte und angelernte Frömmigkeit, gegen aalglatt abgespulte Gebete, die sich zwar schön anhören, aber nicht von Herzen kommen.

So sehr die Situation des um Hilfe rufenden Vaters verzweifelt war, bin ich doch so dankbar für diese Geschichte der Bibel. Dieser Mann ist für mich ein Sympathieträger, weil er zutiefst ehrlich ist und schonungslos offen sein Innenleben vor Jesus präsentiert.

Ich glaube – ja! Es ist zu viel Gutes von Gott in meinem Leben passiert, als dass ich an ihm zweifeln oder gar verzweifeln würde! Ich glaube – da ist ein Urvertrauen in seine Güte und Treue wie ein Fundament in mein Leben gelegt.

Hilf meinem Unglauben! Ja, ich kenne diese Gedanken, diese innere Zerrissenheit zu gut. Wenn ich mein Herz vor Gott ausschütte, dann kommt alles Mögliche zum Vorschein, auch mancher Zweifel und Unglaube.

Ich bin sehr dankbar, dass die Heilige Schrift nicht nur die zugegeben faszinierenden Geschichten großer Glaubenshelden enthält, sondern dass sie offen und ehrlich einen Blick hinter die Kulissen ermöglicht, so wie bei dem namenlosen Sympathieträger, der seinen Glauben, seinen Zweifel, sein

Sich-nicht-vorstellen-Können in diesen einen Gebetsschrei münden lässt: „Ich glaube! Hilf meinem Unglauben!“

Ekkehart Vetter ist Präses des Mülheimer Verbandes Freikirchlich-Evangelischer Gemeinden und Erster Vorsitzender der Deutschen Evangelischen Allianz.

IRIS VÖLLNAGEL

Der Waisenvater von Indien

„Glauben heißt vertrauen“, sagt sich manchmal so leicht. Doch was, wenn Gott Gebete nicht erhört, obwohl wir ihm vertrauten? Im vergangenen Jahr bin ich durch Indien gereist. Eine Begegnung ist mir sehr in Erinnerung geblieben: Ken McRae war 19 Jahre alt, als er seinen ersten Jaguar kaufte. Als Besitzer eines Hotels verdiente der Kanadier viel Geld. Damit wollte er als „reicher Hippie“ um die Welt reisen. So kam er nach Indien. Dort begegnete ihm Jesus. Wenige Wochen später wurde McRae gefragt, die Leitung eines Kinderheims zu übernehmen. Damit war für den heute 77-jährigen klar, was seine Lebensberufung sein sollte: Gemeinsam mit seiner Frau kümmert er sich bis heute um Kinder, deren Eltern nicht mehr leben oder nicht für sie sorgen können. Ob er Georg Müller, den Waisenvater von Bristol, kenne, will ich wissen, weil mich McRaes Erzählen an den deutschen Theologen erinnert. Zu Beginn des 19. Jahrhunderts ging Müller in die englische Hafenstadt, um sich dort um Waisenkinder zu kümmern. Als junger Mann hatte er beschlossen, nie wieder ein festes Gehalt anzunehmen und allein auf die Fürsorge Gottes zu vertrauen. Müller sei sein großes Vorbild, berichtet mir McRae. Nur in einem sei sein Erleben anders gewesen, erzählt der 77-Jährige. Nicht immer habe er Geld gehabt, um die ihm anvertrauten Kinder mit Essen zu versorgen. Manche seien deshalb auch in die Leprakolonien zurückgegangen. Aber seine größten Gebete, so MacRae, habe Gott immer erhört.

Es war Ende der 1970er-Jahre. McRae und seine Frau Frieda lebten damals im indischen Mussourie, einer Bergstation am Rande des Himalajas. In der Gegend gab es viele Leprakranke. Das junge Paar nahm die Kinder der Kranken auf. Erst zehn, dann 25, am Ende waren es 45 Jungen. Doch die Großfamilie hatte keine feste Bleibe. „In 19 Monaten wohnten wir in elf verschiedenen Häusern", erzählt McRae. „Immer wieder wurden wir hinausgeworfen." Mehrmals musste das Paar mit seinen Kindern auf der Straße schlafen, weil sie keine geeignete Unterkunft fanden. Anders als bei seinem großen Vorbild Müller habe Gott scheinbar nicht immer versorgt, erzählt der Ersatzvater. Erst später habe er verstanden, warum alles so kommen und sie mit den Kindern auf der Straße schlafen mussten. Eines Tages kam einer seiner Jungen zu ihm und sagte: „Als wir zusammen auf der Straße schliefen, war es das erste Mal, dass ich merkte, da ist jemand, der mich liebt, weil du mit uns auf der Straße lebtest." „Gottes Treue verändert sich eben nicht", fügt McRae hinzu.

Robert Kumar ist einer von McRaes Zöglingen. Als er fünf Jahre alt war, erkrankte seine Mutter an Lepra, der Vater war mit der Situation überfordert. Auch wenn es hart war, denkt der heute 53-Jährige gern an die Zeit in Mussourie zurück. „Ich habe von Ken gelernt, hart zu arbeiten und Ziele zu erreichen", erzählt der Sozialarbeiter, der heute Vater zweier Kinder ist. Als kleiner Junge habe er das natürlich manchmal anders gesehen. Nur an den Sonntagen hätten sie immer spielen können, so viel sie wollten, sonst mussten sie viel mithelfen. Einmal musste er ohne Frühstück zur Schule, weil kein Geld für Essen da war, erzählt Kumar weiter. Doch in der Mittagspause sei Ken plötzlich in der Schule aufgetaucht und habe ihnen was zu essen gebracht. Irgendwoher hatte er Geld aufgetan.

Warum er sich eigentlich nie einer Hilfsorganisation angeschlossen habe, will ich von McRae wissen. Das hätte nicht zu ihm gepasst, meint der 77-Jährige hochgewachsene Mann, der inzwischen die indische Staatsbürgerschaft angenommen hat. Nachdem er Gott gefunden habe, lernte er Frieda, eine Amerikanerin kennen. Nach ihrer Hochzeit tourten sie gemeinsam durch Nordamerika, um Spenden zu sammeln und herauszufinden, ob es eine aussendende Gemeinde für sie gäbe. Doch die Gemeinden hätten ihnen immer nur gerade so viel Geld gegeben, dass es für den Sprit zur nächsten Gemeinde reichte. Daraufhin hätten sie entschieden, es ohne Gemeinde zu versuchen.

Später habe er auch andere Erfahrungen gemacht, erinnert er sich. 1979 hätten seine Frau und er auf dem Rückweg in Hannover einen Zwischenstopp eingelegt und dort eine Gemeinde besucht. Im Gottesdienst waren etliche ehemalige Prostituierte und Menschen, die im Rotlichtmilieu gearbeitet hatten. Am Ende seien fast 10.000 Deutsche Mark Spenden zusammengekommen, erinnert sich McRae. „Das half uns lange zu leben."

Nach den Anfangsjahren in den Bergen von Mussourie hätten Freunde ihm geraten, im Tal ein Stück Land zu kaufen. Doch wie sollte er das machen ohne Geld? 1981 fand McRae schließlich ein acht Hektar großes Grundstück für umgerechnet knapp 50.000 D-Mark. Außer Schlangen und Steinen habe es dort nichts gegeben, erinnert er sich. Das Geld für das Grundstück habe er damals vom kanadischen Botschafter erhalten. Ein anderes Mal hatte McRae den Eindruck, er solle ein Haus, das an das Grundstück angrenzt, kaufen. Dafür wollte der Hausbesitzer 65.000 Rupien haben. Das entsprach damals rund 1.585 D-Mark. Viel Geld für jemanden, der keines hat. Im Vertrauen auf Gottes Versorgung ging er zur Bank, um den Vertrag zu unterschreiben, ohne zu wissen, woher das Geld kommen würde. Er hatte ein Konto, dessen Nummer er nur einer einzigen Person gegeben hatte. Es stellte sich heraus, dass ein deutscher Spender genau die Summe, die für die Anzahlung benötigt wurde, eingezahlt hatte. Solche Erlebnisse kann McRae viele erzählen.

„Was Gott uns bisher zeigte, war außerhalb dessen, was wir jemals für möglich hielten", so McRae. Warum sollte es dieses Mal anders sein?

Wer heute das Gelände besucht, kann kaum erkennen, dass es vor fast 40 Jahren Brachland war. Viele Teakbäume hat McRae mit Unterstützung der Kinder angepflanzt. Außerdem hat er mit ihnen zusammen Stück für Stück mehrere Wohngebäude, Werkstätten und eine Schule aufgebaut. Längst hat der 77-Jährige die Leitung des Kinderheims und der Schule an andere übergeben. Doch beim Gang über das Gelände erzählt er von ihren Plänen: Neben dem Heim für die Jungen steht ein Schulgebäude. 730 Schülerinnen und Schüler aus der Umgebung werden hier bislang bis zur achten Klasse unterrichtet. „Wir wollen, dass die Schule bis zur zwölften Klasse aufgestockt wird“, erzählt McRae. Dazu sollen in einem neuen Schulgebäude sechs weitere Klassenzimmer gebaut werden. Das Fundament dafür ist schon zu sehen. Wieder ein Glaubenswerk, schmunzelt McRae, weil noch Geld für die Fertigstellung fehlt. „Es ist Gottes Werk, ich bin nur der Handlanger“, ist McRae zuversichtlich. „Was Gott uns bisher zeigte, war außerhalb dessen, was wir jemals für möglich hielten“, so McRae. Warum sollte es dieses Mal anders sein?

Iris Völlnagel lebt als Journalistin in Leipzig. Als Stipendiatin der Robert-Bosch-Stiftung (Medienbotschafterprogramm) reiste sie 2018 nach Indien.

Ernst Günter Wenzler

Sag es Gott

Sie waren fromm, fröhlich und voller Hoffnung. Ein Traumpaar, dem alle Wege offenstanden. Das Glück schien vollkommen, als ihr zweites Kind auf die Welt kam. Aber dann starb das Wunschkind am plötzlichen Säuglingstod. Und die schöne heile Welt brach zusammen. Der junge Mann verkraftete es einfach nicht, als die Polizei kam, und eine Obduktion angeordnet wurde. Er fuhr davon und beging Selbstmord. Vater und Tochter wurden miteinander beerdigt. Und mit ihnen wurde scheinbar auch alle Hoffnung und Zuversicht begraben.

Zurück blieb ein Scherbenhaufen des Glücks. Kein Wunder, dass die junge Frau auch nicht mehr weiterleben wollte. Nur die Verantwortung für ihren Sohn ließ sie noch „funktionieren". Es gab wenig Situationen in meinem Leben, in denen ich mich in der Begleitung eines Menschen so hilflos fühlte.

Jahre waren ins Land gegangen, als ich wieder einmal mit der Witwe über diese tragische Zeit ins Gespräch kam. „Willst du wissen, was das Beste war, was Du mir damals gesagt hast?", fragte sie. Natürlich wollte ich es wissen. Schließlich wusste ich noch gut, wie ratlos ich damals war. Und wie oft mir die richtigen Worte fehlten. „Das Beste" erklärte sie, „war dein Hinweis: ‚Sag es Gott.' Ich meinte zwar, das kann ich doch nicht tun. Ich kann ihm doch nicht meine Wut, meine Zweifel und meine Verzweiflung bringen. Aber du hast gesagt: ‚Doch. Er versteht dich. Bring deine Not vor

Gott. Alle Fragen und alle Anklagen. Alles, was du nicht verstehst und nicht akzeptierst. Sag es Gott.'"

Was soll man denn sonst tun, wenn unvorstellbares Leid nicht die anderen, sondern mich selbst trifft. Wenn der Boden nicht nur wankt, sondern unter mir zusammenbricht. Wenn die gutgemeinten Worte mein Herz nicht erreichen und die trostlosen Tröster alles nur noch schlimmer machen? Was kann man tun, wenn das Herz verzweifelt und man keine Tränen mehr hat?

Der gekreuzigte Jesus hat es uns vorgemacht. Am Tiefpunkt der Einsamkeit und am Nullpunkt der Hoffnungslosigkeit rief er nach Gott. Nicht in wohltemperierten frommen Worten. In der letzten Not schrie er die quälende Frage nach dem „Warum". „Mein Gott, warum hast du mich verlassen?"

„Mein Gott, warum hast du mich verlassen?" Jesu Notruf weist den einzigen Weg – den Weg zu Gott. Auch in der scheinbaren Gottverlassenheit kann man nach Gott schreien.

Sein Notruf weist den einzigen Weg – den Weg zu Gott. So unmöglich sich das auch anhört: Auch in der scheinbaren Gottverlassenheit kann man nach Gott schreien. Ihm kann man alles sagen, auch all das, was man sonst niemand sagen kann. „Mein Gott, warum?" Der Verzweiflungsschrei Jesu macht es deutlich: Gott ist mein Gott, auch wenn ich ihn und was ich erlebe nicht verstehe. Ich habe es trotz allem auch im abgrundtiefen Leid immer mit meinem Gott zu tun.

Der Weg zu Gott ist der einzige Ausweg in der Ausweglosigkeit der Verzweiflung.

Niemand muss seine Not in sich hineinfressen. Man

darf seine Verzweiflung Gott entgegenschreien. Wie Jesus. „Mein Gott, warum hast du mich verlassen?"

„Warum hast du mir mein Kind genommen? Warum …?"

Man kann sich mit allem, was man nicht versteht, mit seiner Verzagtheit und der bodenlosen Traurigkeit, Gott anvertrauen und beten wie Jesus: „Vater, ich lege mich mit allem in deine Hände." Mit meinen Fragen, meiner Wut und aller Hoffnungslosigkeit. Dazu braucht man keinen großen Glauben. Glaube, der nicht größer als ein kleines Senfkorn ist, reicht. Es ist offensichtlich: Was durchträgt, sind nicht unsere guten Worte, Durchhalteparolen und frommen Sprüche. Wer durchträgt, ist Gott.

Dieses Wissen hat ihr Leben in kleinen Schritten, aber nachhaltig, verändert. Sie bekam wieder Boden unter die Füße. Der kleine Glaube gab ihr große Kraft. Auch, als ihr Sohn in die Drogenszene schlidderte und immer mehr in der linksextremen Szene zu Hause war. Ich habe es noch gut in Erinnerung, als er mir erzählte: „Weißt du, Onkel Ernst Günter, ich werde sowieso keine zwanzig. Ich weiß, wie es läuft. Entweder man tritt oder man wird getreten. Und ich lasse mich nicht mehr treten." Dementsprechend lebte er sein Leben. Klar beteten wir. Auch wenn der Glaube, dass sich alles zum Guten wenden würde, oft nur noch ganz klein war. *„Ich glaube; hilf meinem Unglauben"* beschreibt zutreffend, was wir erlebten. Denn scheinbar unaufhaltbar schlidderte er auf der schiefen Bahn immer tiefer nach unten. Eine Entziehungskur brachte ihn an den absoluten Nullpunkt. In dieser Situation bekam er das Buch: „Jesus unser Schicksal" in die Hände. Und was ich nicht zu träumen wagte, geschah. Die alten Predigten des schon 1967 verstorbenen Pfarrers Wilhelm Busch berührten ihn. Gott sprach in sein Leben hinein und krempelte sein Leben um. Und zwar grundlegend. Sein Leben ist für mich das lebendige Beispiel dafür, dass es für Gott auch heute keine hoffnungslosen Fälle gibt. Und mehr denn je bin ich von der Aussage des großen Missionsmannes Hudson Taylor überzeugt: „Wir brauchen keinen großen Glauben, sondern Glauben an einen großen Gott."

Ernst Günter Wenzler, Stuttgart, ist Inspektor des Süddeutschen Gemeinschaftsverbandes.

BÄRBEL WILDE

Wenn Gebete nicht in Erfüllung gehen

Eine junge Frau moderiert das Frauenfrühstück, zu dem ich als Referentin eingeladen bin. Während des Frühstücks unterhalten wir uns. Irgendwie kommen wir auf Johannes Nitsch zu sprechen, der 2002 mit nur 49 Jahren plötzlich starb. Er war einer der einflussreichsten deutschen Musiker moderner populärer christlicher Musik. Wir kannten ihn beide persönlich. Sie war damals 26 Jahre alt. Und dann erzählt sie mir:

„Bis 2002 habe ich gebetet. Ich erlebte immer wieder,

dass Gott Gebete erhört. Alles lief. Ein glänzendes Abi. Ich lernte meinen Mann kennen, bekam eine Ausbildungsstelle. Ich schrieb es Gott zu, dass es mir so gut ging. Nur meinen Kinderglauben hatte ich bis dahin noch nicht abgelegt. Dann hörten wir, dass Johannes im Krankenhaus in Lebensgefahr lag. E-Mail-Ketten gingen über den Globus. So viele Menschen beteten für seine Genesung. Ich auch. Und dann starb er. Ich kriegte das mit meinem Glauben nicht überein. Darum hörte ich von da an auf zu beten. In mir war plötzlich der Unglaube, dass es Gott nicht gut mit uns meint. Ein Jahr habe ich seit dem Tod von Johannes nicht mehr gebetet. Aber andere beteten für mich. Ich nahm an einer Frauenfreizeit teil. Die Referentin nahm sich Zeit, mit mir zu reden. Sie sagte mir unter anderem, dass Gott souverän ist in seinem Handeln. Am Schluss des Gesprächs betete sie für mich, dass Gott mich frei macht. Ich bekam eine Gänsehaut. Von da an konnte ich wieder mit Gott reden. Seitdem vertraue ich ihm, auch wenn meine Gebete nicht in Erfüllung gehen. Es dauerte etwas, bis ich den Erwachsenenglauben anziehen konnte. Aber jetzt passt er. Ich hoffe, dass mich diese Erfahrung geduldig und verständnisvoll macht im Umgang mit Menschen, deren Glaube gerade zum Unglauben wird."

„Ich glaube; hilf meinem Unglauben" – wie oft hatte der Vater dieses unheilbar kranken Kindes, von dem Markus in seinem Evangelium berichtet, für die Genesung gebetet? Nichts geschah. Wo mag der Vater überall hin gegangen sein? Wie viele Ärzte hatten sich wohl schon vergeblich an der Krankheit des Jungen versucht? Auch die Jünger Jesu waren hilflos. Da wendet sich der Vater in seiner Verzweif-

lung an Jesus: „Erbarme dich unser und hilf uns!“ Als Jesus antwortet: „Alle Dinge sind möglich dem, der glaubt“, bricht es aus dem Vater heraus: *„Ich glaube; hilf meinem Unglauben!“* Er schreit nach Glauben. Nach Hilfe.

Manche missverstehen dieses Gebet des Vaters. Er sagt nicht: „Ich glaube, ich bewahre mir aber meinen Unglauben.“ Nein! Dieses Gebet ist keine Kultivierung des Zweifels. So will auch ich nicht länger meinen Zweifel wie eine kostbare Pflanze pflegen und begießen. Wie der Vater will ich um Heilung von meinem Unglauben schreien.

Und dann schien einen Augenblick alles umsonst gewesen zu sein: Der Junge lag da wie tot. Es sind zwei Welten, die sich vor dem verzweifelten Vater auftun: Jesus, der Macht hat, und der Junge, der nach schrecklichen Krämpfen wie tot daliegt. Noch ist von der Macht von Jesus nichts zu sehen. Der gequälte Vater nimmt sein Herz in beide Hände. Er will glauben gegen den Augenschein. Der Glaube ist nicht die Folge des Wunders, sondern dem Glauben steht das Wunder noch bevor. Glaube, auch wenn das Wunder nicht geschieht; Glaube, der Jesus nichts vorschreibt, aber sich an ihn klammert; Vertrauen, dass Gott es gut mit uns meint, auch wenn nicht das geschieht, was wir erbeten haben; mit seiner Hilfe das Misstrauen in seine Liebe durch Vertrauen überwinden. Das ist die hohe Schule des Glaubens. Jesus ist souverän in seinem Handeln. Gott ist souverän. Er hat niemals etwas Böses für uns im Sinn. In dem Bericht des Markus heißt es weiter: Jesus richtete den

Manche missverstehen dieses Gebet des Vaters. Er sagt nicht: „Ich glaube, ich bewahre mir aber meinen Unglauben.“ Nein! Dieses Gebet ist keine Kultivierung des Zweifels.

bewegungslosen Jungen auf und er stand auf. Das Wort, das hier im Griechischen benutzt wird, ist das gleiche Wort, das von Gott gesagt wird, als er Jesus auferweckt. Die Heilung des Jungen ist wie eine Totenauferweckung.

Der bekannte Pfarrer Paul Deitenbeck erzählte von seiner kleinen Tochter Annette: „Zwei Kleinkinderjahre war sie unser Sonnenschein. Dann überschattete eine tückische Krankheit die letzten 14 Monate ihres jungen Lebens. Ein schrittweises Abschiednehmen begann. Es wurde viel gebetet. Ein gesegneter Mann legte ihr die Hände auf. Bis zuletzt haben wir mit einem Wunder Gottes gerechnet. Aber Gott hat sich von dem Verwunden mehr versprochen als von dem Wunder." Es geht nicht um einen großen Glauben, sondern um den Glauben an einen großen Gott. An den Vater im Himmel, der seinen Sohn für uns hat sterben lassen. Hier schauen wir der Liebe Gottes ins Herz. Martin Luther sagte: „Wir sind Gott seinen Christus wert." Wenn wir nach der Liebe Gottes fragen bei all dem Leid in der Welt, dann sehen wir an einer Stelle der Weltgeschichte der Liebe Gottes ins Herz. Er gab seinen Sohn für uns. So sehr liebt er uns. „Der auch seinen eigenen Sohn nicht verschont hat, sondern hat ihn für uns alle dahingegeben – wie sollte er uns mit ihm nicht alles schenken?" (Röm 8,32). So konnte Paul Deitenbeck trotz der Trauer und der Tränen beten: „Mein Vater, ich verstehe dich nicht, aber ich vertraue dir!" Die E-Mail-Ketten, die für Johannes Nitsch über den Globus gingen, und die Gebete für Annette Deitenbeck sind gewiss bei Gott angekommen. Aber Gott hat beiden nicht die Verlängerung des irdischen Lebens geschenkt, sondern das ewige Leben.

„*Hilf meinem Unglauben*": Gott wird dieses Gebet erhören und uns frei machen. Damit wir mit ihm wieder reden und ihm vertrauen – auch dann, wenn unsere Gebete nicht in Erfüllung gehen. Welch ein Geschenk, wenn wir trotz allem endlich bekennen können: „Ich glaube!"

Bärbel Wilde ist Pfarrerin i. R. in Lüdenscheid.

Sabine Winkler

Ich möchte so gern glauben

da ist dieser mann
von dem man sich unglaubliches erzählt
er könne meinen sohn heilen
könne ihn von seinem leiden erlösen
ich wage es kaum
den gedanken
zuzulassen
mein junge
mein kind
kleines herz schlag ruhig
es erscheint unwirklich
und doch wäre es die erfüllung meiner träume
mein junge
mein kind

ich möchte so gern glauben
und zweifel doch
zweifel
dass wunder möglich sind

Sabine Winkler ist Bestattungsberaterin und ehrenamtlich im heimischen Kirchenvorstand tätig.

CHRISTOPH ZEHENDNER

Getragen in spannungsvollen Zeiten

„Herr Zehendner, was halten Sie von der Jahreslosung, die wir für das Jahr 2020 ausgewählt haben? Stellen Sie sich vor: Markus 9,24 – ‚*Ich glaube; hilf meinem Unglauben.*'"

An einem sonnigen Februarnachmittag des Jahres 2017 bereite ich mich in der Gemeindehalle des württembergischen Winzerortes Großbottwar auf die Gesprächspartner einer Podiumsdiskussion vor, die ich zu leiten habe. Als einer der ersten trifft Ulrich Mack ein, der ehemalige Prälat von Stuttgart. Strahlend verkündet er mir die Entscheidung, die erst wenige Stunden zuvor von der „Ökumenischen Arbeitsgemeinschaft für Bibellesen" gefällt worden ist. Und die drei Jahre später, im Jahr 2020, vielen Christinnen und Christen eine Art Überschrift über das Jahr geben wird. „Ich glaube; hilf meinem Unglauben."

Beim Hören dieser fünf Worte spüre ich sofort, dass der Ausschuss hier eine mutige Entscheidung getroffen hat. Vom Glauben und vom Vertrauen Gott gegenüber reden und hören wir ja gerne. Aber vom Unglauben? Vom Misstrauen? Vom fehlenden Vertrauen? Vom Zweifel?

Ohne lange nachzudenken gratuliere ich Ulrich Mack zu der Entscheidung. Ich weiß ja doch aus meinem eigenen Leben und aus vielen Gesprächen mit anderen Menschen, dass Glauben und Unglauben im Leben zusammengehören wie Zwillinge. Und dass der eine Pol ohne den anderen eigentlich nicht vorstellbar ist.

Zusammen mit meinen Musikerkollegen Klaus-André Eickhoff und Torsten Harder habe ich schon etliche Konzerte gegeben unter dem Motto: „Und trotzdem – Vom gläubigen Zweifel und zweifelnden Glauben." In den Texten unserer Lieder und in unseren Moderationen thematisieren wir das Hin- und Hergerissensein zwischen den beiden Polen. Von dem Schwanken zwischen Glaube und Unglaube, Vertrauen und Misstrauen. Und entdecken dabei, dass wir selbst in dieser Spannung stecken – und dass es offensichtlich vielen unserer Zuhörerinnen und Zuhörer genauso geht.

Ja, wir leben auf dem starken, unerschütterlichen, absolut tragfähigen Fundament der Liebe Gottes. „He's a rock that doesn't roll", textete und sang der Vater christlicher Rockmusik, Larry Norman, schon vor Jahrzehnten. Auf dieses Fundament können wir ganz und gar und ohne jeden Zweifel vertrauen.

Und doch gibt es da immer mal wieder Irritationen, Fragen, verwirrende Erfahrungen. Und dann mischt sich still und heimlich das Gefühl von Zweifel ein in mein festes

Vertrauen auf Gott. Mal nur ein ganz klein bisschen. Mal ziemlich deutlich.

All das geht mir durch den Kopf, als ich mich jetzt hinsetze und meine Gedanken zu dieser außergewöhnlichen Jahreslosung notiere. Ich tue es in einer Phase, in der mir mein Glauben ganz besonders wichtig ist. In einer Zeit, in der ich mich aber kein bisschen als „Glaubensheld" fühle. Eher als einer, den es mal hin und mal her reißt zwischen beiden Polen. Der mal festen Boden unter seinen Füßen spürt und sich kurz darauf wie im freien Fall fühlt.

Vor vier Monaten wurde mein Leben durch eine Diagnose ziemlich durcheinandergewirbelt: Lymphknotenkrebs in einem Teil der Lunge. Gott sei Dank früh entdeckt. Im Anfangsstadium gut behandelbar. Mit guten Prognosen. „Sie müssen jetzt ein halbes Jahr für ihre Gesundheit investieren," gab mir einer der Ärzte mit auf den Weg.

Anschließend folgten Krankenhausaufenthalte, Untersuchungen, Operation, Chemotherapie. Bestrahlungen und abschließende Untersuchungen stehen noch aus. Ich erlebte die Wochen seit der Diagnose als Achterbahnfahrt, körperlich wie seelisch. Manchen Tag kam ich kaum aus dem Bett. Wenig später konnte ich wieder ein paar Kilometer im Rentnertempo spazieren gehen.

Kurz vor dieser Diagnose hatte Christoph Morgner mir die Einladung geschickt, meine Gedanken zur Jahreslosung 2020 zu diesem Buch beizutragen.

„Ich glaube; hilf meinem Unglauben." – Wenn ich in dieser speziellen Lebensphase darüber nachdenke, fällt mir auf: In der bisherigen Zeit der Krankheit bin ich ziemlich an meine

Grenzen gekommen. Ich fühlte mich oft hilflos, schwach, verletzlich.

Wie kommt es eigentlich, dass ich dabei nie mit Gott gehadert habe, ihn nie vorwurfsvoll fragte, warum denn ausgerechnet ich mich mit so einer Krankheit herumplagen muss? In der Rückschau staune ich selbst darüber: Mein Glaubensfundament war auch in dieser herausfordernden und spannungsvollen Zeit meiner Schwäche und meiner Hilflosigkeit nie ernsthaft gefährdet. Obwohl die emotionale Achterbahnfahrt manchmal ziemlich schnell nach unten raste.

Ich spürte selbst dann etwas von der guten Selbstverständlichkeit der Nähe Gottes. Dazu konnte und musste ich so gut wie nichts beitragen. Es reichte, mich Jesus im Herzensgebet immer wieder einmal voller Vertrauen (= Glauben) hinzuhalten. Mit jedem Atemzug zu beten „Herr Jesus Christus – erbarme dich meiner."

Ich erlebte: Letztlich kommt es in dieser herausfordernden Phase gar nicht auf mich und meinen „unerschütterlichen" Glauben an. Andere Menschen glaubten da für mich mit, wo mir die Kraft dazu fehlte, sie steckten mich an mit ihrer Hoffnung und Zuversicht. Viele Freunde, Bekannte, Kollegen (enge und weniger enge) meldeten sich bei mir, sparten sich die sonst oft üblichen Floskeln und sagten mir zu: „Wir beten für dich." Als hätten sich diese lieben Menschen abgesprochen, kam an jedem der besonders schwierigen Tage immer mal wieder ein solcher Gruß aus der Nachbarschaft oder aus Tausenden von Kilometern Entfernung: „Wir beten für dich. Wir bringen dich vor Jesus. Wir glauben für dich." Ich habe noch nie in meinem Leben so deutlich erlebt, dass Gebet tragen kann. Mich jedenfalls hat es getragen. Und trägt es noch.

Mir fällt dazu eine biblische Gestalt ein, mit der ich mich gerade jetzt gut identifizieren kann: der gelähmte Mann in Kapernaum (Markus 2). Weil der sich nicht rühren kann, schleppen vier Männer ihn zu Jesus. Dabei nehmen sie einiges an Ärger auf sich. Drängen sich durch die vorm Haus wartende Menge. Zerren ihre empfindliche Last über die Außentreppe hoch aufs Dach. Decken das dann mal eben ab. Sorgen dabei für Staub, Dreck und jede Menge zorniger Rufe aus dem Erdgeschoss. Das müssen sehr gute Freunde des Gelähmten gewesen sein, überlege ich, sonst hätten sie sich diese Mühe nicht gemacht. Für ihren Freund aber ziehen sie es durch und sorgen so für ein Happy End. Er selbst muss gar nichts tun. Nichts. Ob der Gelähmte auf der Trage glauben kann, dass Jesus ihn heilt, oder ob er voller Unglauben ist? Diese Frage scheint in der Szene nicht wichtig zu sein. Er wird getragen. Zu Jesus hin. Er lässt es geschehen. Der Glaube seiner Freunde trägt ihn.

Gerne würde ich mit diesem Mann darüber sprechen, wie er die Spannung von Glauben und Unglauben erlebte. Ob er seine Freunde für hoffnungslos naiv erklärte. Oder ob er angesteckt und getragen wurde von ihrem starken Vertrauen auf Jesus. Ich jedenfalls bin froh darüber, dass Gott mir Freunde an die Seite gibt; gerade in dieser Zeit, in der mein Glaubensfundament auf die Probe gestellt wird. Ich möchte – wenn ich selbst wieder über mehr Kraft verfüge als heute – anderen ein solcher Freund sein, die in eine ähnliche Lage kommen wie ich gerade.

Und noch etwas nehme ich mir vor: Ich suche mir die Mailadresse von Ulrich Mack heraus und bedanke mich ganz persönlich bei ihm für die damalige Entscheidung für die Jahreslosung 2020!

Christoph Zehendner ist Journalist, Theologe und Musiker. Er lebt und arbeitet in Triefenstein bei Würzburg als Mitarbeiter der Christusträger-Bruderschaft.

PETER ZIMMERLING

„Ich möchte glauben lernen" (Dietrich Bonhoeffer)

In einem bedeutungsschweren Gefängnisbrief an seinen Freund und theologischen Gesprächspartner Eberhard Bethge zieht Dietrich Bonhoeffer eine Art Lebensbilanz. Am 21. Juli 1944, unmittelbar nach dem Scheitern des Attentats auf Adolf Hitler, erinnert er sich an einen schon lange zurückliegenden theologischen Disput mit einem katholischen Mitstudenten. Dieser gab als sein Lebensziel an, ein Heiliger werden zu wollen. Bonhoeffer hielt dagegen: „Ich möchte glauben lernen." Wie ein Motto stand dieser Wunsch über seinem weiteren Leben. Was glauben heißt, wurde für ihn mehr und mehr zur entscheidenden Aufgabe und Herausforderung in der Nachfolge Jesu Christi. Aber erst im Gefängnis – angesichts von zahlreichem Leiden und Sterben, wo die Fundamente des Lebens und Glaubens offengelegt wurden – erkennt er in der Tiefe, dass es im Glauben nicht darum geht, irgendetwas aus sich zu machen: eben einen Heiligen oder eine geistliche Persönlichkeit oder sonst irgendetwas. Es genügt, in den Herausforderungen des Alltags, mitten in der Diesseitigkeit des weltlichen Lebens, Mensch zu sein und darin Glauben zu halten. Bonhoeffer beruft sich dabei auf das Vorbild Jesu von Nazareth selbst, der eben keine religiöse Persönlichkeit wie Johannes der Täufer, sondern schlicht Mensch war. Bonhoeffer begreift: Erst wenn man bewusst darauf verzichtet hat, aus sich etwas zu machen, erst dann wirft man sich Gott ganz in die Arme – im Vertrauen auf seine Nähe, Liebe und Fürsorge: „Ich erfahre es bis zur Stunde, dass man erst in der vollen Diesseitigkeit des Lebens glauben lernt. Wenn man völlig darauf verzichtet hat, aus sich selbst etwas zu machen – sei es einen Heiligen oder einen bekehrten Sünder oder einen Kirchenmann (eine sogenannte priesterliche Gestalt!), einen Gerechten oder einen Ungerechten, einen Kranken oder einen Gesunden … – dann wirft man sich Gott ganz in die Arme, dann nimmt man nicht mehr die eigenen Leiden, sondern die Leiden Gottes in der Welt ernst … und so wird man ein Mensch, ein Christ“ (Brief vom 21.7.1944, Dietrich Bonhoeffer, DBW, Bd. 8, 542).

„Wenn man völlig darauf verzichtet hat, aus sich selbst etwas zu machen – sei es einen Heiligen oder einen bekehrten Sünder … einen Gerechten oder einen Ungerechten, einen Kranken oder einen Gesunden … – dann wirft man sich Gott ganz in die Arme.“ (Dietrich Bonhoeffer)

Es gibt wahrscheinlich niemanden, der sich heute darum bemüht, als Christ zu leben, der nicht immer wieder erfahren würde, dass ihm der Glaube von der säkularen Gesellschaft regelrecht weggesogen zu werden droht. Auch die großartigsten Gotteserfahrungen aus der Vergangenheit ändern daran nichts. Schon Bonhoeffer sah sich, vielleicht sogar noch forciert, im Gefängnis einer solchen Situation gegenüber. In seinem „Rechenschaftsbericht nach 10 Jahren" von 1943 hat er auch ein Glaubensbekenntnis formuliert. Darin heißt es: „Ich glaube, dass Gott uns in jeder Notlage so viel Widerstandskraft geben will, wie wir brauchen. Aber er gibt sie nicht im Voraus, damit wir uns nicht auf uns selbst, sondern allein auf ihn verlassen." Bonhoeffer will sagen: In jeder Situation geht es neu darum, Glauben zu lernen: seine Hoffnung auf Gott zu setzen und seiner Güte zu vertrauen.

Dr. Peter Zimmerling ist Professor für Praktische Theologie an der Universität Leipzig.

Johannes Zimmermann

„Eigentlich will ich glauben"

„Eigentlich will ich glauben, aber ich kann es nicht." Solche oder ähnliche Worte habe ich mehrfach in Gesprächen gehört. Weniger als Gemeindepfarrer, da hieß es eher: „Einen Glauben braucht jeder." Es waren vor allem Gespräche mit Studentinnen und Studenten über Gott und die Welt.

„Eigentlich will ich glauben, aber ich kann es nicht." Das mag stereotyp klingen – und manchmal ist es wohl auch wirklich so. Aber wie soll ich das verstehen und damit umgehen? Soll ich nachfragen, wie und wie oft er oder sie es schon versucht hat? Ist es nur eine Ausrede? Will mein Gegenüber mich damit herausfordern oder sogar provozieren? Oder verbirgt sich dahinter ein echtes seelsorgliches Problem? Das ist in der Tat möglich: Da sind Menschen, die den Glauben für erstrebenswert halten und sich insgeheim oder offen auch wünschen, glauben zu können – aber sie sehen sich dazu nicht in der Lage. Manchmal können sie die Gründe dafür benennen, manchmal sind sie diffus und ihnen selbst nicht ganz klar. Dahinter können sich Lebensschicksale verbergen.

Wie sieht eine hilfreiche Antwort darauf aus? Wenn ein seelsorglicher Hintergrund da ist, ist der Hinweis darauf, dass der Glaube „nicht jedermanns Ding" ist (2Thess 3,2), nicht hilfreich, sondern stößt den Gesprächspartner zurück. Wird ihm der Glaube vorenthalten? Wenn ja – warum? Wenn das Problem nicht im intellektuellen Bereich liegt, sind auch Argumente für den Glauben jetzt nicht dran. Sicher, es kann ein Vorwand sein: Wer so redet, zeigt guten Willen („ich will ja glauben“) und schiebt das Problem zugleich in einen Bereich, in dem menschliche Hilfe nicht möglich ist: Das Glauben-Können kann ich nicht „machen“.

Soll ich meinem Gegenüber anbieten, für ihn (oder sie) zu beten? So hilfreich und wichtig es ist, für andere zu beten, hier ist abzuwägen: Ist der andere wirklich hilflos in Bezug auf das „Glauben-Können“ – oder bekommt er dadurch nur einen Vorwand, mir später zu sagen: „Dein Gebet hat nichts genützt“? In diesem Fall kann es daher besser sein, den andern dazu aufzufordern, selbst Gott um Glauben zu bitten: „Rede mit Gott und sage ihm, dass du glauben willst, aber es nicht kannst. Bitte ihn, dass er dir Glauben schenkt. Ich bin überzeugt, dass Gott solche Gebete erhört.“ Jetzt ist mein Gegenüber gefragt, zu zeigen, wie ernst es ihm mit seinem Wunsch zu glauben ist. Wenn er (oder sie) tatsächlich darauf eingeht und zu beten beginnt, dann heißt das ja auch: Er ist im Gespräch mit Gott, er erwartet etwas von Gott. Er bringt sein Glauben-Wollen zusammen mit seinem Nicht-glauben-Können und damit mit seiner Hilflosigkeit vor Gott.

Damit sind wir beim Vater des von einem sprachlosen Dämon besessenen Jungen (Mk 9,14-29). Er befindet sich in einer solchen Situation – und er wendet sich an Jesus: „*Ich glaube; hilf meinem Unglauben!*“, oder besser (nach einem Vorschlag von Walter Klaiber): „Ich glaube, hilf mir in meinem Unglauben!“

Walter Klaiber fährt fort: „*Unglaube* ist hier nicht die bewusste, sich distanzierende Verweigerung des Vertrauens in Jesu Vollmacht … *Unglaube* bezeichnet hier die Unfähigkeit, angesichts der Schwere und Länge des Leidens und der Enttäuschung über das Versagen der Jünger vertrauen und glauben zu können. Zu wahrem Glauben gehört also auch, die Unfähigkeit zu glauben Gott anzuvertrauen“ *(Walter Klaiber, Das Markusevangelium, 171).*

Adolf Schlatter ergänzt zur Bitte „Hilf meinem Unglauben!“: „Dass er dies von Jesus erbittet, das ist sein Glauben.“ Das heißt ja: Wer seine Unfähigkeit zu glauben vor Jesus bringt, ist den entscheidenden Schritt hin zum Glauben gegangen.

Unglauben: Wenn die sogenannte „Realität“ schleichend ein Übergewicht bekommt gegenüber dem lebendigen Vertrauen auf Gott und seinem veränderndem Handeln in meinem Leben, in meiner kleinen Welt wie in der großen Welt.

Aber ist das Nicht-glauben-Können nur ein Problem der „anderen“? Wenn ich ehrlich bin, kenne ich diese Seite in einer etwas anderen Weise auch bei mir. Glaube ist kein Besitz, sondern eine Beziehung. Glaube ist Anschluss an Jesus und hängt daran, dass ich mit ihm in Verbindung bleibe. Nach mehreren Jahrzehnten Leben in der Nachfolge Jesu ist es für mich keine ernsthafte Option, mich von heute auf morgen vom Glauben zu verabschieden. Die Gefährdung durch „Unglauben“ liegt an einer anderen Stelle: Sie besteht in einer Haltung und Einstellung, die zwar viel von Gottes veränderndem Handeln redet, aber für das eigene Leben kaum noch damit rechnet. Es ist die Gefahr, dass die sogenannte „Realität“ schleichend ein Übergewicht bekommt gegenüber dem lebendigen Vertrauen auf Gott und seinem verändernden Handeln in meinem Leben, in meiner kleinen Welt wie in der großen Welt.

„Ich glaube, hilf mir in meinem Unglauben“ könnte dann hei-

ßen: „Ja, Jesus, ich will im Glauben bleiben und an dir festhalten. Das soll aber nicht nur eine Überzeugung in meinem Kopf sein, sondern mein Herz und damit mich als ganzen Menschen prägen und erfüllen. Schenke mir immer wieder neu das Vertrauen, dass der Glaube an dich eine lebendige Beziehung bleibt und wieder wird. Gib mir das Vertrauen, dass deine Macht stärker ist als meine Erwartungslosigkeit."

Wie können Wege aus der Erwartungslosigkeit hin zu neuem Glauben und Vertrauen aussehen? Der Wunsch nach Veränderung zeigt ja schon, dass Gottes Geist am Wirken ist. Er führt mich ins Gebet. Wenn ich bete, *„Ich glaube; hilf mir in meinem Unglauben!"*, bin ich im Gespräch und damit in einer Beziehung mit Gott.

Weiterhelfen kann außerdem das Gespräch mit andern, das gemeinsame Gebet – und nicht zuletzt Gebete und Worte, die ich aus den Schätzen der Christenheit empfange: Die Psalmen oder Lieder wie „Befiehl du deine Wege" von Paul Gerhardt *(Evangelisches Gesangbuch Nr. 361,4)*:

„Weg hast du allerwegen,
an Mitteln fehlt dir's nicht;
dein Tun ist lauter Segen,
dein Gang ist lauter Licht.
Dein Werk kann niemand hindern,
dein Arbeit darf nicht ruhn,
wenn du, was deinen Kindern
ersprießlich ist, willst tun."

Dr. Johannes Zimmermann ist Professor für Praktische Theologie an der Evangelischen Hochschule Tabor in Marburg/Lahn.

BRIGITTE SEIFERT

Meditation zu Ernst Barlachs Skulptur „Das Wiedersehen“ (1926)

Ernst Barlach, das Wiedersehen

„Mein HERR und mein Gott ... " (Joh 20,28)

Mein Herr und mein Gott,
du stehst vor mir,
obwohl mein Herz voller Zweifel ist.

Gebeugt bin ich,
voller Fragen, die keine Antwort finden,
finde keinen Halt mehr in mir selbst.

Das Leben hat bittere Spuren in mein Gesicht gezeichnet.
Schweres zieht mich nach unten.
Wie kann ich glauben, dass du lebst –
nach allem, was geschehen ist?

Doch du stehst vor mir.
Bin ich zu dir gekommen?

Du kamst zu mir.
Du stehst mit mir auf demselben Boden.
Der Grund, der dich trägt, trägt auch mich.

Aufrecht stehst du,
anmutig und stark zugleich,
aufgerichtet vom Himmel her.

Auch in dein Gesicht hat das Leid seine Spuren gegraben.
Doch ist es frei von Bitterkeit.
Verwandelt hast du all das Bittere
in Güte und Erbarmen.

Aufmerksam schaust du mich an,
schaust voller Liebe – und verstehst.
Verstehst die Tiefe meiner Angst.

Du greifst mir unter die Arme und richtest mich auf.
Deine Hände tragen die Narben der Fesseln.
Ich finde Halt an deiner Schulter.
Mein wundes Herz lebt auf durch dich.

Mein Herr und mein Gott,
erbarme dich meiner und halte mich fest.
In deinem Schutz werd' ich genesen.

Dr. Brigitte Seifert ist Pfarrerin am Haus der Stille im Evangelischen Zentrum Kloster Drübeck.

Christoph Morgner

Gelassen leben lernen

wenn Sorgen uns bedrängen

Taschenbuch
64 Seiten
ISBN 978-3-7655-3714-1

Sorgen machen krank und rauben uns die Kräfte. Auch Christen machen sich Sorgen – obwohl die Bibel eindeutig sagt: „Sorget nicht!“ Christoph Morgner untersucht Hintergründe und Ursachen von Sorgen und Zukunftsängsten. Und er weiß aus eigener Betroffenheit, wovon er schreibt. In diesem Buch will er die Zuversicht vermitteln: Gott hat das letzte Wort. In ihm können wir geborgen und gelassen leben lernen.

Teresa Zukic

Lebe, lache, liebe

… und sag den Sorgen Gute Nacht!

Hardcover
128 Seiten
ISBN 978-3-7655-0609-3
auch als E-Book und Hörbuch erhältlich

„Schwester Teresa macht sich Sorgen um die Sorgen. Zum Glück. Die meisten Menschen sorgen sich viel zu viel. … Höchste Zeit, sich mit dem leidigen Phänomen des Sorgens mal ein bisschen intensiver zu beschäftigen. Und da ist Schwester Teresa genau die Richtige. Eine fromme Tausendsassa, die mit beiden Beinen auf dem Boden steht und dabei den Blick immer fest in den Himmel gerichtet hält. Vor allem aber schafft sie es auf eindrückliche Weise, dass einem bei so einem Thema das Lachen nicht vergeht, sondern die Seele heiter und das Herz froh wird.“, so der Schriftsteller, Musiker, Kabarettist und Pfarrer Fabian Vogt über Teresa Zukics neues Buch.

In „Lebe, lache, liebe ... und sag den Sorgen Gute Nacht!“ beschreibt Teresa Zukic, wie es gelingen kann, die Macht unguter Gedanken zu stoppen, damit die Seele – trotz aller Sorgen – wieder heiter und das Herz froh wird. Und es geht um das Licht Gottes, das unsere Tage hell machen will.

Christoph Zehendner

Willkommen im Haus des Lachens

Versöhnungs- und Mutgeschichten aus dem Heiligen Land

Hardcover
240 Seiten
ISBN 978-3-7655-0710-6
auch als E-Book erhältlich

Hoffnung, die ansteckt! Die Hoffnung kommt aus Bethlehem – genauer gesagt: aus Beit Jala, zwei Kilometer außerhalb.

Dort arbeitet LIFEGATE– und schreibt eine einzigartige Erfolgsgeschichte in einzigartiger Umgebung: Eine Handvoll engagierter Menschen, angeführt durch Burghard Schunkert, CVJM-Sekretär aus Gießen, hat hier mit unglaublichem persönlichen Einsatz eine einzigartige Leuchtturm-Einrichtung im Nahen Osten geschaffen. Kümmert sich seit mehr als einem Vierteljahrhundert liebevoll und kompetent um behinderte Kinder, Jugendliche und ihre Familien. Eine echte Abenteuergeschichte!